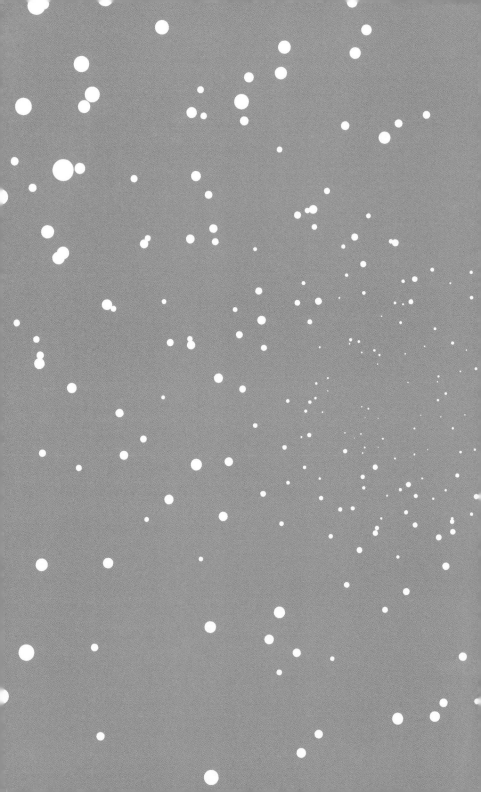

운의
시그널

운의
시그널

내 안의 좋은 운을 깨우는 법

막스 귄터 지음 | 양소하 옮김

카시오페아
Cassiopeia

뛰어난 실력만으로는 충분하지 않다

윌리엄 S. 호프만William S. Hoffman은 도박꾼이다. 하지만 그다지 성공하지는 못했고, '패배자'라는 제목의 자전적 책을 쓰기도 했다. 왜 성공하지 못했는지 이유를 곰곰이 생각해보던 그는 매우 합리적인 결론에 이르렀다. '내가 실패한 건 내 삶에서 운의 역할을 부정했기 때문이야.'

그는 육상 코치였던 아버지의 영향을 받아 상당히 비생산적이고 위험하기까지 한 사고방식으로 살아왔다. 그의 아버지는 직업의식에서 우러난 장황한 문구로 선수들을 지도하곤 했는데, 입버릇처럼 하던 말이 "실력이 뛰어나다면 행운 따윈 필요 없어"였다.

말도 안 되는 소리다.

당연히 우리에게는 좋은 운이 필요하다. 우리가 얼마나 뛰어난 기량을 지닌 축구선수인지는 그보다 중요하지 않다. 중요한 시합 전날 밤 계단에서 굴러 발목을 접질린다면, 힘들게 갈고닦은 실력이 무슨 소용이겠는가. 연습에 쏟아부은 시간, 존경받아 마땅한 투지와 결의가 모두 헛수고가 된다. 코치가 우리에게 직업정신이 담긴 격언을 늘어놓을 수는 있겠지만 퉁퉁 부은 발목을 대번에 낫게 해줄 수는 없다.

뛰어난 사람이 되는 것만으로는 부족하다. 좋은 운도 따라야 한다.

안타깝게도, 도박꾼 호프만은 아버지의 충고를 가슴에 새겼고 열심히 노력하면 성공할 수 있다고 믿었다. 젊은 호프만은 자신이 할 일이 그저 경마와 카드, 주사위를 연구하는 데 온 힘을 기울이는 것이라고 믿었다. 실력이 뛰어나다면 행운 따윈 필요 없으니까. 그는 실력만 제대로 갖춘다면 세계적인 도박꾼이 될 수 있으리라고 생각했다. 하지만 상황은 계획대로 흘러가지 않았다. 계단에서 구르는 것보다 더 큰 불운을 맞이했고, 그는 그만 빈털터리가 되고 말았다.

좋은 운이 따르도록 '만들어야' 한다. 좋은 운 없이는 아무것도 제대로 돌아가지 않는다. 성공에 관한 개인적인 정의가 무엇이든 간에, 좋은 운은 성공을 위한 필수적이고도 기본적인 요소다.

당신은 인생에서 무엇을 얻고 싶은가. 부자가 되거나 유명인이 되길 원하는가? 아니면 직업적인 명예를 얻거나 행복한 결혼 생활을 하고 싶은가? 그것도 아니면 다른 사람에게 많은 사랑을 받길 바라는가? 어떤 목표든 좋다. 그렇다면 현재 그 목표를 이뤘는가? 만약 당신이 이 질문에 "그렇소"라고 대답할 수 있는 사람이라면 아마 이 책을 읽고 있진 않을 것이다. 당신만 그런 게 아니니 마음 놓으시라. 대부분 사람이 아니라고 대답할 것이다.

우리는 아직 목표를 이루지 못했다. 이유가 뭘까? 이 질문을 자신의 삶에 던져보자. 무엇 때문에 아직 원하는 곳에 도달하지 못했을까? 내가 부족한 탓일까, 아니면 단순히 충분한 운이 따라주지 않아서일까?

충분한 운이 따라주지 않아서 그렇다는 대답이 훨씬 더 사실에 가까울 가능성이 크다. 대부분의 사람은 그럭저럭 '잘' 해나가고 있다. 부족할 때도 있지만 스스로 세운 목표를 이룰 만큼 충분한 능력을 갖췄다. 그런데도 목표를 이루지 못한 것은 대개 운이 따르지 않았기 때문이다.

이 진리를 스스로 증명해볼 방법은 얼마든지 있다. 얼마 전 고향에 갔을 때 우연히 아마추어 연극단의 공연을 봤는데, 이런 생각이 더 강해졌다. 연극단의 배우 대부분은 전문적인 연기를 꿈꿨지만 지금도 여전히 크게 뜰 기회를 기다리고 있다고 말했다. 어떤 이들은 이제 포기했다며 한숨을 내쉬기도 했다. 왜 그들에게 결정적인 기회가 찾아오지 않은 건지 가만히 생각해봤다. 재능이 부족해서였을까? 그건 아니다. 남녀를 불문하고 이 배우들은 TV나 영화관에서 볼 수 있는 스타들만큼 연기력이 뛰어났다. 그렇다면 무엇이 다른 걸까? 왜 실력 면에서 별 차이가 없는데도, 수천 명의 배우는 고향의 연극 클럽에 머무르고 몇몇 스타는 성공의 정점에 올라선 걸까?

유일한 답은 행운이다. 적절한 시기와 장소, 그리고 도움이 될 만한 인맥을 안겨주는 좋은 운 말이다.

단순히 뛰어난 실력만으로는 충분하지 않다.

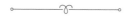

운은 우리 삶에 예기치 않게 찾아와 말썽을 부린다. 반가울 때도 있고, 그렇지 않을 때도 있다. 또 운은 우리가 하는 모든 일에서 종종 결정적인 역할을 한다. 아무리 인생을 세심하게 설계하더라도, 무작위로 일어나는 사건들 때문에 인생이 어떻게 바뀔지는 누구도 알 수 없다. 알 수 있는 건 오직 사건이 일어난다는 점뿐이다. 일어날 사건을 기다리고, 그 사건이 자신에게 유리하게 작용하길 바랄 뿐이다.

운은 인간의 이성에 대한 최고의 모욕이다. 무시할 수도 없고 그에 대비해 계획을 세울 수도 없으니 말이다. 인간의 원대하고 세심한 설계는 불운이 닥치면 쉽게 무너지지만, 때로는 가장 어리석은 모험이 행운 덕분에 성공하기도 한다. 한편에선 수많은 악인이 풍요로움과 행복 속에서 죽음을 맞이하고, 다른 한편에선 불행해서는 안 될 선량한 사람들이 불운에 시달린다. 답을 알았다고 생각할 때마다 운은 우리를 비웃는다.

우리는 운을 통제할 수 없다. "이번에는 다이아몬드 퀸을 뽑을 거야"라는 말은 해봤자 소용이 없고, 그 결과에 관해 어떤 합리적인 기대도 할 수 없다. 단순히 주문을 왼다고 해서 운이 호락호락 따라주진 않기 때문이다. 운을 통제하고 싶어 하는 것은 마법을 꿈꾸는 일과 다름없다. 한마디로, 불가능하다.

하지만 당신은 우리가 지닌 운의 질적인 부분을 상당히 놀랍게 '발전시킬' 수 있다. 별로 좋지 않은 운을 꽤 괜찮은 운으로, 또 웬만큼 좋은 운을 더 좋은 운으로 말이다. 그럼으로써 투자나 도박, 일, 사랑, 우정 등 운이 따라줘야 하는 영역이라면 어디에서든 인생의 승자가 될 가능성을 높일 수 있다.

나는 그 변화를 목격했기에 이것이 거짓이 아님을 잘 안다. 이제부터 알아볼 운을 바꾸는 기술, 즉 행운을 불러오는 열세 가지 법칙은 그저 실체 없는 이론 중 하나가 아니다. 이 법칙들은 수염이 덥수룩한 정신과 의사가 서재에서 담배를 뻐끔거리며 알아낸 것들이 아니다. 내가 수많은 사람의 삶을 직접 관찰하여 얻어낸 결과물이다.

그렇다면 운이 좋은 사람과 그렇지 못한 사람의 차이점은 무엇일까? 운이 좋지 않은 사람은 몰라서 하지 못하는, 운이 좋은 사람이 지닌 지식과 그에 따른 행동은 무엇일까? 그들은 삶을 다루는 특별한 방법을 알고 있어서 운이 좋은 걸까, 아니면 다른 이유가 있어서일까? 일테면, 단지 그들이 지닌 운이 좋아서 그런 것은 아닐까?

나는 20년이 넘는 오랜 세월 동안 이 질문들에 관한 답을 찾으려 애써왔고, 행운을 불러오는 열세 가지 법칙을 발견했다.

차례

들어가며 **뛰어난 실력만으로는 충분하지 않다** 5

시작하기 전에 **우리는 왜 운의 역할을 부정할까** 13

1장	첫 번째 법칙 운과 계획을 구분하라	25
2장	두 번째 법칙 빠른 흐름을 잡아내라	55
3장	세 번째 법칙 영리하게 위험을 감수하라	79
4장	네 번째 법칙 운의 흐름을 잘라내라	115
5장	다섯 번째 법칙 운을 선택하라	131
6장	여섯 번째 법칙 직선이 아닌 지그재그 삶을 살아라	149
7장	일곱 번째 법칙 건설적인 초자연주의를 기억하라	165

8장   여덟 번째 법칙 최악의 경우를 분석하라   183

9장   아홉 번째 법칙 입을 다물어라   199

10장   열 번째 법칙 교훈이 되지 않는 경험을 인정하라   223

11장   열한 번째 법칙 세상은 불공정함을 받아들여라   237

12장   열두 번째 법칙 이것저것 시도하라   257

13장   열세 번째 법칙 운명의 짝을 찾아라   279

나가며 좋은 운을 갈망하는 당신에게 297

우리는 왜 운의 역할을 부정할까

본문으로 들어가기 전에 용어를 먼저 정의하자.

운(Luck): 우리 삶에 영향을 미치지만 우리가 만들어낸 것이 아닌 사건들.

운, 그러니까 행운과 불운은 인간의 삶을 형성하는 일종의 힘이다. 만일 당신이 삶을 완벽히 통제하고 있다고 믿는다면 자신을 속이는 것이다.

우리는 태어나기 전 일어난 불확실한 사건 덕분에 지금 세상에 존재한다. 어머니와 아버지는 처음에 어떻게 만나게 됐을까? 그 만남이 우연에 의한 사건이라는 데에는 의심의 여지가 없다.

우연히 일어난 그 사건 덕분에 오늘날 우리가 이 세상을 살고 있는 것이다. 부모의 우연한 만남이 전부가 아니다. 염색체가 무작위로 섞여 성별, 키와 몸무게, 피부와 눈동자 색, 코 모양, 특정 질병에 관한 경향, 그리고 우리가 통제할 수 없는 많은 요인이 생겨났다. 이미 우리 인생에 큰 영향을 미친 이 요인들은 삶의 마지막 순간까지도 영향력을 계속 행사할 것이다.

행운과 불운을 동반한 사건들은 우리가 살아오는 동안 벌써 많이 일어났고, 앞으로도 일어날 것이다. 100만 달러짜리 복권에 당첨되거나, 비행기 사고로 사망할 수도 있다. 아니면 파티에서 만난 누군가를 통해 커리어를 키울 더없이 좋은 기회를 잡거나, 비극적으로 암에 걸릴 수도 있다. 영화관 좌석을 헷갈린 덕분에 삶을 뒤흔들 연애가 우연히 시작될 수도 있고, 주식시장이 폭락해 전 재산을 날리게 될 수도 있다. 이런 성질의 사건들은 우리 삶에 커다란 영향을 미치지만 우리가 만든 것은 아니다. 그렇기에 이들은 앞서 제시한 '운'의 정의에 들어맞는다고 볼 수 있다.

운은 사람들의 삶에서 가장 중요한 요인 중 하나다. 실제로 많은 이의 삶에서 분명 가장 중요한 요소로 작용한다. 그런데 이상하게도 사람들은 운에 관해 말하길 꺼린다. 도박꾼 윌리엄 호프만과 코치였던 그의 아버지처럼, 운이 삶에 미치는 엄청난 영향력을 좀처럼 인정하려 하지 않는다. 무슨 이유에서일까?

이를 반드시 짚고 넘어가야 한다. 운을 바꾸는 단계로 돌입하기 전, 운을 거부하고 인정하려 들지 않는 성향을 지워내야 하기 때문이다.

왜 사람들은 운의 역할을 부정할까? 첫째, 자신이 우연한 일에 좌우된다고 생각하고 싶지 않아서다. 사람들은 운명을 스스로 통제할 수 있다는 환상에 싸여 편안해지고 싶어 한다. 자기 자신에게 "미래는 내가 계획한 대로 흘러갈 거야"라고 말할 수 있을 때 삶은 더 안전해 보인다. 물론 그럴 일은 없을뿐더러, 우리 모두 마음 깊숙한 곳에서는 그런 일이 일어날 리 없다는 사실을 잘 안다. 하지만 진실은 그에 맞설 허상 없이 받아들이기엔 너무나 두려운 존재다.

사람들이 운의 역할에 관해 이야기하지 않는 또 다른 이유는 운이 우리를 위축시키고 존엄성을 빼앗기 때문이다. 근처 도서관에 가서 연극배우나 영화배우가 쓴 자서전을 아무거나 골라 들여다보라. 어떻게 그들은 그토록 높은 위치까지 오를 수 있었을까? 물론 책에는 똑똑하고 재능이 넘치는 데다가 용기 있게 결단력을 발휘했기 때문이라고 쓰여 있을 것이다.

그렇다면 그들이 지닌 운은 어땠을까? 당신은 아마 운에 관한 언급은 찾아보지 못할 것이다.

깜빡 잊어서든 예전에는 알았으나 지금은 신경 쓰지 않게 돼서든, 그 스타가 간과한 사실이 있다. 오래전 긴 경주를 시작할 때, 똑똑하고 재능 넘치는 수천 명의 경쟁자가 있었다는 점이다. 지금 우리는 일생일대의 기회를 잡아내지 못한 그들의 이름을 알 수 없다. 그 많은 사람 중 오직 한 명만이 운이 좋아 그 식당에서 웨이터로 일할 수 있었다. 유명한 프로듀서가 칠리볼 한 접시를 먹으러 식당에 들른 바로 그때 말이다.

경쟁자들이 유일하게 가지지 못한 것이 운이었고 그가 거둔 성공이 순전히 좋은 운의 결과였다는 점이 명백한데도, 정작 당사자는 인정하지 않는다. "저는 정말 평범한 사람일 뿐입니다. 당신이 이름을 모르는 제 경쟁자들보다 외모나 재능이 앞서지도 않고, 결단력이 뛰어나지도 않거든요. 사실 많은 경쟁자가 스크린 속에서 저보다 더 나아 보일 겁니다" 같은 말이 적힌 스타의 자서전은 찾아보기 힘들다. 이런 솔직한 고백이 자신의 반짝거림을 빛바래게 할 뿐이라고 여기기 때문이다.

운에 관해 말하길 꺼리는 것이 비단 연극계에 국한된 현상은 아니다. 성공한 사람들은 모두 비슷한 방법으로 자신의 빛나는 존재감에 해가 될 만한 상황을 피한다. 회사 임원들 역시 어떻게 대표이사 자리까지 올랐는지 설명할 때 비슷한 행동을 한다. 자신이 어떤 방법으로 큰 전투에서 승리를 거뒀는지 회상할 때의 군 장교들도 마찬가지다. 정치인들도 재임 중의 업적을 나열하면서 하나같이 이 과정을 거친다. 우리는 방송국 카메라 앞에 선 대통령이 다음과 같이 말하는 모습을 절대 볼 수 없다.

"여러분, 제가 대통령으로 재임하는 동안 전쟁이 일어나지 않았고 실업률도 떨어졌습니다. 아마 저는 가장 운 좋은 대통령이었을 것입니다."

주식으로 돈방석에 앉은 사람들도 절대 운이 좋아서라고 말하지 않는다. 대신 그는 돈벼락을 맞은 그 결정적인 순간이 지나고 나서, 자신이 얼마나 영리하게 모든 상황을 파악했는지 이야기하기 위해 이리저리 짜맞춰 근거를 만들어낸다. 이렇듯 누구도 운이라는 단어를 입에 올리지 않는다.

운의 역할을 부정하는 또 다른 이유는 개신교 또는 청교도의 윤리로 알려진 근면함에서 찾을 수 있다. 우리는 유치원 때부터 열심히 일하고 인내해야 하며, 어떤 어려움에도 굴복하지 않고 근면한 태도로 인생을 살아가야 한다고 배운다. 만약 근면과 인내가 아니라 순전히 운으로 성공을 이뤘다면, 남들 앞에서만이 아니라 스스로도 상당히 민망해한다. 반대로 운이 좋지 않은 경우에도, 청교도의 유산은 그런 불운이 자신이 저지른 잘못에서 비롯됐다고 생각하게 한다. 그렇게 우리는 좋든 나쁘든 자신에게 닥친 결과에 책임이 있다고 생각해버린다.

"성격이 운명이다."

약 25세기 전 고대 그리스의 철학자 헤라클레이토스Heracleitos
가 남긴 말이다. 그 뒤로 수많은 연극과 소설, 영화, TV 드라마가
이 문장의 핵심을 증명하기 위해 노력했지만 끝내 실패했다. 고
속도로를 달리다가 음주 운전을 하는 차에 치여 목숨을 잃은 사
람이 있다면, 그 사람의 성격이 그 운명을 만든 것일까? 운명은
성격과 아무런 상관이 없다. 그가 성인이나 죄인이었을 수도 있
고, 위대한 철학자나 매사 갈팡질팡하는 멍청이였을 수도 있다.
운명은 전혀 중요하지 않다.

헤라클레이토스의 명언은 명백하게 드러난 약점이 있음에도
사람들의 문화석 의식에 깊이 뿌리박혀 오늘날까지 전해져 내려
왔다. 만약 인생에 문제가 생겼다고 해도 운명이라고 생각해선
안 된다. 대신 이면의 이유를 찾아야 한다.

하지만 이면의 이유는 찾아내기가 쉽지 않다. 예를 들어 회사
가 망해 당신이 백수가 됐다고 해보자. 재앙인 건 맞지만, 어찌 됐
든 당신의 잘못이 아니다. 단지 운이 좋지 않았을 뿐이다. 그런데
만약 당신이 직업을 잃은 게 운이 나빠서라고 말한다면, 사람들
은 엉뚱한 핑계를 댄다고 생각할 것이다. 그러면서 당신이 실직
한 진짜 이유가 개인적인 결함 때문이라는 심증을 굳힐 것이다.

백수인 당신이 구직 활동을 할 때 인종이나 출신 또는 나이에

관한 편견이 걸림돌이 될 수도 있다. 하지만 그 역시 당신의 잘못이 아니다. 그냥 운이 좋지 않을 뿐이다. 이렇게 말해도 믿어주는 사람은 아주 드물다.

문화적으로 살펴봤을 때 우리는 운의 역할을 부정하기 쉬운 조건을 갖추고 있다. 이해하기 어려운 이면의 이유를 찾는 것은 문학에 관한 이해마저 흐려지게 한다. 미국과 유럽의 모든 아이(그리고 내가 아는 한 러시아나 중국에 사는 아이들도 마찬가지다)는 고등학교나 대학교에서 파멸의 원인이 되는 성격적 결함, 즉 '비극적 결함tragic flaw' 이론을 접하게 된다. 이 이론은 위대한 문학의 그림자에서 비롯됐는데, 예컨대 셰익스피어Shakespeare의 작품이나 도스토옙스키Dostoevsky의 소설 또는 고대 그리스의 시인 호메로스Homeros의 서사시 속 남녀 주인공들이 항상 성격적인 결함 때문에 문제를 자초한다고 주장한다. 그리고 교사와 교수들은 학생들에게 이 의견에 따를 것인지 아니면 낙제점을 받을 것인지 선택하라고 강요한다.

하지만 사실 비극적인 사건의 배후에 있을 것으로 추정되는 '비극적 결함'을 찾아내려면 무진 애를 써야 한다. 예를 들어 호메로스나 셰익스피어가 이 어리석은 이론을 수용했다는 그럴듯한 증거는 없다. 《일리아드Iliad》에서 일어나는 대부분의 일은 신들의 조작, 즉 우리 인간이 통제할 수 없는 행운과 불운에 의해 야기된다. 셰익스피어의 비극도 비슷하다. 《햄릿Hamlet》은 자신이 어찌할 수 없었던 사건 때문에 궁지에 몰린 주인공과 함께 이야기를 시작한다. 그리고 이 작품은 대부분 인물이 실수로 죽음을 맞이하는 것으로 결말을 장식한다. 이 희곡은 비극적 결함을 다룬 작품이 아니다. 오히려 좋지 않은 운, 즉 불운에 관한 작품이라고 할 수 있다.

왜 영문학 교수들은 이 사실을 부인할까? 이에 관해 '비극적 결함' 개념을 좋아하지 않는 미국 웨슬리안대학교의 영문학과 교수 필리스 로즈Phyllis Rose가 그럴싸한 답을 내놓았다.

로즈 교수는 〈뉴욕타임스〉에 기고한 글에서 "학생들은 성격적 결함이 비극의 필수적인 요소라고 배운다"라며, "만약 주인공에게 결함이 없다면 아무 '의미'도 없기 때문에 비극적이지 않은 게 된다"라고 했다. 그러면서 "그저 운이 나빴을 뿐인데"라고 덧붙였다. 그녀는 "불운이 비극이 아니라는 것을 학생들에게 이해시키려면 더 공들여 교육해야 한다"라는 말도 빠뜨리지 않았다. 하지만 그러기가 쉽지 않기에 대부분의 사람은 그 개념을 그냥 믿어버린다.

인간의 경험에서 운의 역할이 그토록 집요하게 부정되는 또다른 이유가 바로 이것이다. 사람들은 운에 의미가 있는 것이 아니라 우리 삶에 의미가 있기를 갈망한다. 운의 역할을 인정하면 삶의 의미가 반감된다고 생각하는 것이다. 만일 누군가가 잘못 행동해서 좋지 않은 결말을 맞이한다면, 그 이야기는 당사자를 비롯해 다른 사람에게도 특정한 교훈을 남긴다. 하지만 그저 평화롭게 길을 걷다가 트럭에 치인다면 이 상황에서 배울 수 있는 건 아무것도 없다.

인생은 무작위하고 무의미한 시간의 연속이다. 대학 영문학과 교수들뿐 아니라 대부분 사람이 이 사실을 불편해한다. 하지만 우리에게 주어지는 운을 활용해 무언가를 하고 싶다면, 우선 이 불편한 진리를 직시해야 한다.

좋은 운을 부르는 첫 번째 단계는 운의 존재를 인정하는 것이다. 일단 인정해야 행운을 불러오는 첫 번째 법칙을 받아들일 수 있다.

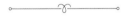

지속적으로 운이 좋은 사람과 그렇지 못한 사람의 차이는 무엇일까? 어떤 사람은 항상 또는 거의 운이 좋지 못한 반면, 특정한 누군가에게는 세상의 모든 좋은 기회가 알아서 찾아오는 것처럼 보인다. 여기에 무언가 이유가 있을까?

나는 1,000명 이상 성인들의 삶을 연구해 이 질문에 대한 답을 얻어냈다. 이 연구 결과는 행운을 불러들이고 불운을 피할 수 있도록 삶의 시스템을 정비하는 것이 운 좋은 사람들의 특징이라는 점을 말해준다.

행운을 부르는 데에는 열세 가지 주요 법칙이 존재한다. 운이 좋은 사람들 모두가 의식적으로 이 법칙을 연습하는 것은 아니고, 그중 극소수만이 열세 가지 법칙을 모두 연습한다. 대부분은 여섯 가지에서 여덟 가지를 연습해 활용하며, 보통은 그것만으로도 충분하다. 반대로 운이 좋지 않은 사람들의 삶을 살펴보면, 두세 가지 법칙을 대충 사용한 흔적이 보인다. 심지어는 제대로 사용한 법칙이 하나도 없는 이들도 있다.

좋은 운을 불러오고 싶다면 지금부터 살펴볼 열세 가지 법칙을 주의 깊게 연구하자. 모든 법칙을 개개인의 특정한 상황에 바로 적용하기 어려울 수도 있지만, 분명 그중에는 즉시 활용할 수 있는 법칙들이 있을 것이다. 그 방법은 당장 써먹고, 나머지 법칙들은 잘 익혀두었다가 훗날 활용하면 된다.

지금부터 소개하는 법칙들과 함께한다면 삶이 극적으로 변화할 것이다. 한껏 기대해도 좋다.

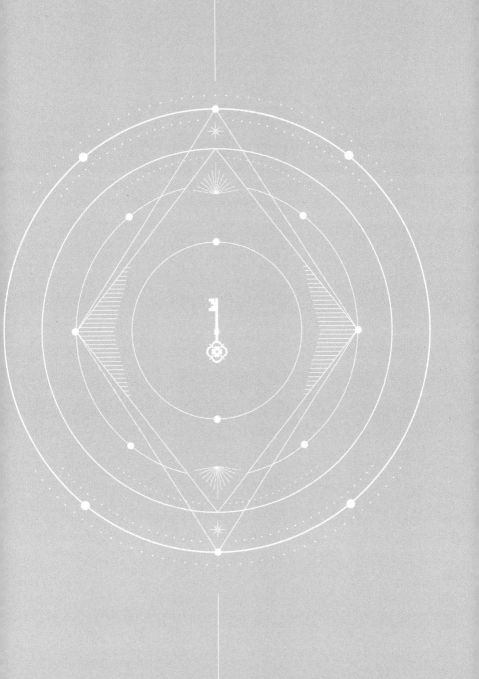

1장

첫 번째 법칙

·

운과 계획을
구분하라

HOW TO GET LUCKY

폴라 웰먼Paula Wellmann은 룰렛 딜러이자 블랙잭 딜러다. 그녀는 라스베이거스와 애틀랜틱 시티에 있는 여러 카지노에서 근무했다. 가끔 일이 아닌 취미로도 도박을 했으며, 특히 포커를 좋아했다. 하지만 무엇보다, 다른 사람들이 도박하는 모습을 보는 것이 즐겁다고 말했다.

"저는 어떤 차이로 승자와 패자가 갈리는지 알아내려고 애썼어요." 그녀가 말했다. "장기적으로 봤을 때 평균보다 훨씬 더 뛰어난 사람이 있는가 하면 어떤 이들은 보통 사람의 수준에도 못 미쳐요. 무엇 때문에 이런 차이가 생겨날까요? 이 궁금증을 해소해줄 답이 과연 있기는 할까 싶어요. 지금까지는 속 시원한 설명을 찾아내지 못했거든요. 그냥 기회의 차이일 뿐이었어요. 그런데 몇 년 동안 제가 본 것처럼 많은 승자와 패자들을 살펴본다면 당신도 그들의 성격에서 차이를 느낄 수 있을 거예요."

무슨 차이가 있다는 것일까?

"두드러지는 차이가 하나 있었습니다. 사람들은 자신이 게임에서 질 때는 운이 안 좋아서라고 생각했어요. 반대로 이겼을 때는 자신이 똑똑해서라고 생각했죠."

방금 막 우리는 운의 통제에 관한 첫 번째 위대한 진실에 도달한 셈이다. 승자가 되고 싶다면 인생에서 운이 하는 역할을 예리하게 인식해야 한다. 즉, 운으로 원하는 결과를 손에 넣었다면 그 사실을 인정하라는 뜻이다. 자신이 똑똑하기 때문에 좋은 결과를 얻었다고 밀하지 말자. 운과 계획을 혼동해서는 안 된다. 만약 그렇게 한다면 당신은 자신의 운을 장담할 수 없을 테고, 결국에는 운이 나빠질 것이다.

폴라 웰먼은 이 진실을 설명하기 위해 이야기를 들려주었다.

(여기서 강조하고 싶은 것은 이 책이 카지노나 도박에 관한 책이 아니라는 점이다. 이 책은 우리 삶 모든 영역에서의 운에 관해 다룬다. 다만 도박이 자주 언급되는 이유는, 카지노 주변에서는 운에 관한 진실이 특히 냉혹하고도 명확하게 드러나기 때문이다. 주식시장을 다룬 것도 비슷한 맥락이다. 이 책이 독자들을 더 훌륭한 카지노 도박꾼이나 주식 거래자로 만들어줄지도 모르지만, 그게 원래의 기획 의도는 아니다. 책은

운이 필요하거나 좋은 운을 불러오기 위해 노력해야 하는 특정한 삶의 영역에 도움을 주려고 기획됐다. 애틀랜틱 시티나 월스트리트 사례는 단지 그 이야기들이 핵심 사항을 명료하고도 매력적으로 묘사하기 때문에 선택한 것이다.)

그녀가 들려준 이야기는 룰렛을 하기 위해 애틀랜틱 시티에 온 한 여성에 관한 것이었다. 그 여성은 이혼 경험이 있고 그다지 부유하지 않은, 마흔 살 정도 된 고등학교 교사였다. 그녀는 돌아가다 멈추는 스크린의 휠에 돈을 걸면 자신이 받는 월급에 보탬이 되리라고 생각했다. 그 여성의 머릿속에는 나름대로 일종의 시스템이 세워져 있었다.

휠을 굴리는 확실한 시스템에 관한 아이디어는 수 세기 동안 도박꾼들의 관심을 끌었다. 프랑스의 철학자 르네 데카르트René Descartes도 17세기에 이런 시스템을 고안해 당시 파리와 암스테르담에서 유행하던 룰렛과 같은 게임에 적용했다. 하지만 그 시스템을 진지하게 받아들이기에는 그 자신이 지나치게 회의적이었던 데다가, 시스템이 믿음이 갈 만큼 안정적으로 작동하지 않는다는 점을 알고 재빠르게 포기했다. 그런데 그보다 덜 똑똑했던 수천 명의 다른 도박꾼(아마 수백만 명에 이르지 않을까)은 다양한 종류의 시스템에 희망을 걸었다. 장기적으로 봤을 때 그들은 대부분 후회로 끝을 맺었다.

정말로 효과가 있는, 이길 수 있는 룰렛 시스템을 고안해낼 수 있다면 어떨까? 아마도 세계 각지의 카지노들이 그 시스템이 작동하지 않도록 진작에 게임 규칙을 바꾸었을 것이다. 오히려 카지노들은 그런 시스템이 가능하다는 식의 신화 같은 이야기로 사람들을 부추기는데, 어리석은 사람들을 현혹해 돈을 갖다 바치게 할 수 있기 때문이다. 사람들은 믿고 싶은 것을 믿는다. 만약 카지노의 휠을 뛰어넘을 수 있다고 믿는 사람이 있다면 그는 도박촌의 거리와 술집에서 수집한 모든 종류의 '비밀 공식'과 기타 조언을 믿는 부류일 것이다.

일부 룰렛 시스템은 행운의 숫자, 점성학적 힘과 같은 오컬트 현상을 기반으로 한다. 그중 일부는 '기회의 성숙the maturity of the chances(지금까지 나온 것과 반대되는 결과가 나올 것으로 기대하는 것. 예컨대 동전 던지기에서 앞면이 연속하여 다섯 번 나왔다면, 이제 뒷면이 나올 가능성이 크다고 기대하는 것을 말한다. 하지만 동전 던지기의 각 사건은 개별적이어서 이전 사건이 다음 사건에 영향을 미치지 않는다—옮긴이)'처럼 과학적으로 들리는 규칙을 기반으로 한다. 이 규칙에서 우리는 불규칙한 숫자가 나오는 순서에 관해 사전 정보를 입수할 수 있다. 하지만 폴라 웰먼이 관찰한 그 교사는 저 두 가지 접근법이 잘못된 것으로 생각해 거부했다. 대신 그녀에게는 더 나은 방법이 있었다. 적어도 그녀는 그렇다고 생각했다.

그녀의 무기는 바로 언제 얼마를 베팅해야 할지 결정하는 시스템이었다. 그녀는 자신이 그것을 발명했다고 생각했다. 하지만 사실 룰렛 베팅 시스템(다른 많은 도박 게임에도 적용되는)은 근대 철학의 창시자였던 데카르트의 시대부터 존재해왔다. 그 방법들은 카지노 용어로 마틴게일Martingale 시스템과 달랑베르D'Alembert 시스템처럼 낭만적으로 들리는 이름으로 불린다. 세부 사항은 각각 다르지만, 기본적으로는 이전에 입은 손실을 만회하기 위해 베팅 규모를 늘려야 한다는 생각에 기반한다. 따라서 10달러를 잃었다면 10달러를 되찾을 수 있을 만큼 충분히 베팅하고, 그 판에서 이기면 잃었던 10달러를 돌려받아 새로운 베팅 금액을 늘리는 식이다. 즉, 이번 판에서 졌다면 다음번에는 더 큰 금액을 걸면 된다.

확실한 방법으로 들리지 않는가? 아마도 그럴 것이다. 마틴게일과 달랑베르, 그리고 변형된 다른 많은 방식은 상당히 매력적이고 논리적으로 보인다. 점성술을 비웃는 성향이나 타고난 회의주의가 기회의 성숙에 관한 유사과학적 개념을 경계하게 해줄지 모르지만, 마틴게일 베팅 시스템과 같은 것은 보통 사람들에게 강력하게 어필될 수 있다. 꽤 합리적으로 보이기 때문이다.

그 교사도 다르지 않았다. 그녀는 자신이 점성술이나 그 외 비과학적 요소들을 거부할 수 있다고 생각하며 특별한 자신감을 느꼈다. "전 잘 속아 넘어가는 멍청이들과 달라요"라며 그녀가 자신감 넘치는 목소리로 말했다. "저는 뇌가 있고 그 뇌로 생각을 하니까요. 아무것도 믿지 않을 겁니다."

마틴게일식 베팅 시스템의 문제는 보기보다 훨씬 더 중요하다고 밝혀진 두 가지 요소를 무시한다는 점이다. 하나는 도박꾼들이 '스트레인strain'이라고 부르는 것으로, 승리의 순간까지 계속해서 베팅할 수 있으려면 도박 자본의 규모가 커야 한다는 것이다. 또 하나는 모든 카지노가 각 테이블에서 허용되는 베팅의 규모를 엄격하게 제한한다는 점이다.

마틴게일 시스템은 도박꾼이 '평균보다 더 길게 연속적으로' 손실을 입지 않는 한, 견딜 만한 수준에서 잘 작동할 것이다. 하지만 결국 평균보다 더 길게 연속적으로 손실을 입게 될 것이고, 시스템은 붕괴한다.

다른 말로 하자면, 이 시스템은 운이 좋을 때 작동한다고 보면 된다. 따라서 마틴게일식 베팅 시스템은 점성술이나 행운의 숫자, 꿈의 해석, 기회의 성숙 또는 찻잎을 통해 점괘를 읽어내는 방법 등에 근거한 시스템과 크게 다르지 않다. 우리가 좋은 운을 가지고 있을 때는 그 모든 것이 효과가 있는 것처럼 보인다.

그 교사는 어느 날 밤 휠에 자신의 시스템을 적용했다. 그날 그녀는 운이 좋았다. 베팅에 성공했다. 하지만 안타깝게도 그녀는 자신이 왜 성공적인 베팅을 했는지 제대로 이해하지 못했다. 다만 자신이 적용한 시스템 덕분이라고 믿었다.

그녀는 다음 날 다시 시스템을 시험해봤고 또 이겼다. 그리고 전처럼 운 대신 시스템에 공을 돌렸다. 그녀는 그 시스템이 절대적인 승리의 아이템일지 모른다고 생각하기 시작했다. 자신감이 솟구친 그녀는 계좌에서 도박 자금으로 쓸 많은 돈을 인출했다. 그리고 큰돈을 걸 수 있는 휠을 골라 베팅했고, 결국 한 푼도 남김 없이 모두 잃고 말았다.

그녀는 경악했다. 어떻게 이 완벽한 시스템이 실패할 수 있지?

그녀가 자신에게 일어난 일을 이해하는 데는 오랜 시간이 걸렸다. 그녀의 시스템은 제대로 작동한 적이 단 한 번도 없었다. 시스템은 그녀가 생각한 것처럼 절대적인 승리의 아이템이 아니었다. 처음 베팅의 성공은 운에 의한 것이었고, 결국 그 운은 바닥나버리고 말았다. 상황은 그렇게 간단했다. 하지만 그녀는 상황을 이해하지 못해 처참한 기분에 휩싸였다.

우리는 나중에 운의 연속 현상에 관해 다시 살펴볼 것이다. 이는 굉장히 아리송하지만 우리 삶에서 빠뜨릴 수 없을 정도로 중요하기 때문에 다양한 각도로 살펴볼 필요가 있다. 지금은 그저 모든 운에는 언제든 끝나는 시기가 있다는 것에 감사해야 하는 시점이다. 이는 슬프지만 꼭 위험한 사실은 아니다. 연승을 즐길 때 어떤 부분에 계획이 작용했고, 어떤 부분에 운이 작용했는지 제대로 보기만 하면 안전하다. 룰렛을 즐기던 교사는 운의 역할을 무시하면서부터 위험 속으로 빠져들었다. 그녀는 연승 행진이 절대적으로 자신이 세운 계획의 결과물이라고 여겼다. 이를 철석같이 믿은 그녀는 연승의 끝을 받아들일 준비가 되어 있지 않았다.

이와 유사한 재앙이 월스트리트의 투자자들과 투기꾼들에게 매일같이 닥친다. 이 전형적이고도 슬픈 이야기의 전말은 이렇다. 투자자는 〈월스트리트저널〉과 같은 경제지에 게재된 수백 개의 뉴스나 자문 서비스를 통해 나름의 시스템을 갖추고 시장에 진입한다. 몇 달 또는 1년이나 2년 동안 이 시스템은 효과가 있는 것처럼 보인다. 투자자는 전보다 더 부자가 된다. "와, 굉장한데!" 그는 기뻐할 것이다. "비법을 찾았어! 끝내주는군!"

하지만 이런 생각은 위험하다. 사실 이 놀라운 시스템은 투자자가 운이 좋았기 때문에 작동한 것이다. 시간이 흐르면 투자자의 좋은 운은 다하기 마련이지만, 본인은 그럴 가능성을 고려하지 않는다. 그는 자신의 뛰어난 지성 덕분에 베팅에 성공하고 있다고 믿고 점점 더 과감하게 투기를 계속한다. 그리고 결국은 무너진다! 자신이 세운 엉성한 계획이 바로 눈앞에서 무너져 내리는 모습을 목격한다.

이는 평범한 개인이나 초보자에게만 일어나는 일도 아니다. 거물들에게도 일어날 수 있다. 이런 일을 맞닥뜨린 사람들은 운 앞에서 속수무책이 되고, 대부분은 자신이 그런 상태라는 사실을 인정하려 하지 않는다.

신용평가 및 통계 서비스 회사인 스탠더드앤드푸어스Standard and Poor's Corporation, S&P를 예로 들어보겠다. S&P는 주식시장에서 가장 유서 깊고 인정받는 이름 중 하나다. 이 회사에서 발행하는 아웃룩, 즉 '신용등급 전망'이라고 불리는 주간 투자자문 뉴스레터에서는 전문가들이 몇 달 뒤 주식시장의 상황을 예측해 알려준다. 구독자들은 이 정보를 통해 어떤 주식을 사거나 팔아야 하는지, 또 언제 어떤 이유로 사거나 팔아야 하는지 알 수 있다. 그 조언은 매우 근엄하고 합리적으로 들린다. S&P 자체는 종종 자신들이 하는 예측의 정확성이 운에 의해 결정된다는 사실을 간과하는 것처럼 보인다. 그리고 이 말처럼 S&P가 이 사실을 잊고 있다면 보나 마나 그들의 많은 구독자, 특히 새롭게 구독을 시작한 사람들 역시 그럴 것이다.

1984년, S&P는 운이 좋지 않았다. 그해 1월 아웃룩은 S&P500지수(주식시장에서 가장 널리 따르는 주가지수 중 하나)가 1984년에 '현재 수준보다 20% 이상 높은 상태'에서 멈출 것으로 예측했다. 이 추측은 지나치게 낙관적이었다. 실제로는 S&P500지수가 사실상 변동 없이 한 해를 마감하고 다우지수 등 다른 중요한 지수가 소폭 하락한 것이 다였다. 대부분의 투자자에게는 주식을 소유하는 것이 그저 그런 해였던 셈이다. S&P가 1월에 밝힌 예측과 달리, 사람들은 은행 계좌나 베개 속에 돈을 보관하는 편이 더 나았을지 모른다.

이 안 좋았던 예측은 S&P가 바보 같았다는 점을 의미할까? 아니다. 그냥 운이 좋지 않았을 뿐이다. 예측에서 운의 존재를 빼버린 것이 어리석다면 어리석었을 수는 있겠다. 예측 결과에 운이 분석적인 사고만큼 큰 역할을 할 수 있다는 점을 분명히 해뒀어야 했다. 일테면 "우리는 운이 좋으면 S&P500지수도 20% 상승한 상태로 한 해가 마무리될 수 있으리라 믿는다"라고 밝혔어야 한다.

물론 S&P가 자신들의 예측이 틀림없이 맞아떨어진다고 약속하지는 않았다. 증권거래위원회 규정상 금융자문사는 보증이 금지되어 있다. 비록 연속된 일련의 행운을 즐겼더라도 그들에게는 구독자들에게 과거의 성공이 미래에 반복되지 않을 수 있다는 점을 경고하도록 법적 의무가 부여돼 있다. 그러나 그런 경고는 절대 충분히 강조되지 않는다. 항상 운보다는 분석적 사고에 중점을 둔다.

S&P 뉴스레터 구독자, 특히 초보자는 충분한 근거 없이 안전하다고 느끼고 마음을 놓아버린다. "그렇군!" 초보 투자자는 생각한다. "S&P는 올해 시장이 20% 상승할 거라고 하네. 거긴 베테랑 금융 전문가들이 널린 회사잖아. 그런 데서 무슨 일이 일어난다고 하면 안 믿고 넘어가기 힘들지!" 그러면서 평생 모은 돈을 주식시장에 투자한다. 하지만 연말이 되자 불운이 닥쳐 반 토막이 난다.

초보 투자자들, 그리고 심지어 베테랑 투자자들조차 깨닫지 못하는 것이 있다. 바로 대부분의 평범한 사람들처럼 주식시장의 가장 위대한 분석가들에게도 쉽게 불운이 닥칠 수 있다는 점이다. S&P 소속 전문가들이 얼마나 영민하고, 하버드 경영대학원

학위를 가진 이들이 얼마나 많이 소속돼 있는지는 중요하지 않다. 불운은 사람을 가리지 않으니 그들 또한 쉽게 덮칠 수 있다.

이 사실에 관해 더 많은 근거를 알고 싶다면 월스트리트의 뮤추얼펀드를 살펴보길 권한다. 뮤추얼펀드는 기본적으로 주식과 채권 소유에 관해 미숙한 신규 투자자들을 돕기 위해 고안된 투자 방식이다. 자본금을 약간 가지고 있는데 직접 돈을 굴렸던 경험이나 굴릴 자신감 또는 시간이 부족할 때 사람들은 뮤추얼펀드에 가입한다. 그러면 펀드 매니저들이 그 돈을 가지고 주식을 사들인다. 물론 투자자들에게 서비스 비용을 보수로 받는다.

투자자들은 펀드에 가입하는 대가로 무엇을 얻게 될까? 우선 주어지는 것은 판매 제안서다. 우리는 투자에 관한 높은 사고력을 갖게 된다. 펀드의 판매 관련 브로슈어가 우리에게 정보를 제공해주기 때문이다. 시장에서 혼자 허우적거리는 대신 언제나 가장 좋은 방법을 알고 있다고 여겨지는 월스트리트의 베테랑들 손에 경제적인 행복을 맡기는 격이다.

안내 브로슈어와 우리에게 전화를 걸어주는 달콤한 목소리의 직원은 거의 확실한 행복의 지름길로 다가온다. 어떻게 실패할 수 있단 말인가. 이 강력한 펀드 운용자들이 시장에서 돈을 벌 수 없다면 감히 누구도 돈을 벌 수 없을 것이다! 만약 당신이 이런 생각을 하지 않는데도 아마 그들이 당신에게 그렇게 말해줄 것이다.

브로슈어와 직원이 말해주지 않는 것은 이 잘난 척하는 금융 전문가들이 운 앞에서는 속수무책이라는 점이다. 그들이 얼마나 신중하고 얼마나 놀라운 논리로 우리의 재정적인 미래를 계획하는지는 중요하지 않다. 운이 그들에게 불리하게 작용한다면, 자신이 직접 투자할 때와 마찬가지로 쉽게 돈을 잃는다.

우울했던 1984년으로 돌아가 보자. 만일 우리가 그해 1월에 뮤추얼펀드에 가입했다면 어떻게 됐을까? 물론 운에 달렸을 것이다. 1984년 몇몇 펀드는 운이 좋았던 반면, 대부분 펀드는 그러지 못했다.

가장 운이 좋았던 것은 이름처럼 공익 기업체 투자에 집중하는 프루덴셜-바시 유틸리티 펀드Prudential-Bache Utilities Fund였다. 매년 펀드 실적을 모니터링하는 리퍼 애널리티컬 서비스Lipper Analytical Services에 따르면 프루덴셜-바시는 1984년 38.6%라는 경이로운 수익률을 기록했다. 1984년 초에 이 펀드에 1달러를 투자했다면 거의 1.40달러 수준으로 해를 마감했을 것이다. 리퍼의 집계에 따르면, 가장 불운한 펀드는 첨단 기술 관련 소기업을 대상으로 투기적 거래를 하던 44 월스트리트 펀드44 Wall Street Fund였다. 이 펀드는 1984년 한 해 동안 자그마치 59.6%의 손실률을 기록했다. 연초에 1달러를 투자했다면 해가 바뀔 때 40센트가 되어 있는 셈이다.

이 사실이 프루덴셜-바시의 전문가들이 44 월스트리트의 전문가들보다 더 똑똑하다는 점을 의미할까? 그들의 계획이 제대로 들어맞았다는 것을 증명하는 걸까? 아니면 그들의 사고가 더 날카로웠던 것일까? 꼭 그렇다고는 할 수 없다. 그냥 1984년에 프루덴셜-바시 펀드의 매니저들이 더 운이 좋았다는 것을 의미한다. 그해에는 수천 가지의 이유로 투자계 전체가 공익 기업에 관해 낙관적인 성향을 보였고, 그 덕에 관련 기업들의 주가가 상승했다. 그래서 프루덴셜-바시 펀드의 가입자들은 멋진 크리스마스 선물을 받으며 한 해를 마무리했다. 반면 44 월스트리트 펀드의 가입자들에게는 비관적인 한 해였고, 더없이 침울한 연말을 보내야 했다.

운, 그냥 운이 모든 것을 좌지우지했다. 이보다 더 말이 되는 설명은 없다. 프루덴셜-바시 펀드의 매니저들이 44 월스트리트 펀드의 매니저들보다 집단적으로 더 똑똑하리라고 확신할 근거는 없다. 뮤추얼펀드가 사람을 고용할 때는 모두 같은 인력풀에서 뽑는다. 즉, 모든 펀드에는 똑똑한 사람과 멍청한 사람들이 일정하게 섞여 있다. 어떤 펀드도 덜떨어진 사람들을 고용하고 있다는 사실을 인정하지 않겠지만, 실제로 모든 펀드가 그렇다.

투자에 접근하는 방식은 서로 다르지만, 냉정하게 살펴볼 때 두드러지게 영리한 접근법이라는 건 존재할 수 없다. 그들이 거두는 연간 성적의 차이는 한 가지 요인, 딱 그 요인에서 비롯된다. 바로 '운'이 더 좋으냐 나쁘냐 하는 것이다.

이제 이런 지식이 우리에게 어떤 영향을 미치는지 알아보자. 주어진 모험에서 우리의 운명이 운에 크게 좌우된다는 사실을 아는 건 얼마나 가치가 있을까?

그 가치는 어마어마하다!

월스트리트 이야기에 오래 머무를 생각은 없으므로 마지막으로 뮤추얼펀드에 관해 간단히 살펴보고 넘어가겠다. 일단 당신이 금전적으로 모험을 하는 상황에서 운의 역할을 무시하거나 부정하는 성향의 사람이라고 가정해보자. 1985년 어느 날, 당신에게 뮤추얼펀드의 1984년 성과에 관해 살펴볼 기회가 주어졌다. 당신은 프루덴셜-바시 펀드가 거의 40%에 육박하는 수익을 냈다는 사실을 떠올린다. "굉장한데?" 당신은 이렇게 말할 것이다. "이 사람들이 다른 사람들보다 더 낫군. 주식시장을 잘 파악하고 있어!"

그때 머릿속에는 무언가 제대로 파악한 것 같은 느낌이 영구적으로 남는다. 1984년 프루덴셜-바시가 영리했으니 그 뒤에도 그 영리함이 쭉 이어지리라고 생각한다. 그렇게 믿어버린다.

그래서 돈다발을 건다. 그러다가 불운이 닥치면 '펑!' 하고 모든 것이 폭파되며 사라진다. 당신은 '도대체 이런 일이 왜 생긴 걸까' 하고 의아해하며 재정적인 손실을 보는 것으로 상황을 종료한다.

운의 역할을 무시하는 것은 불운으로 가는 지름길이다. 사실 이런 실수를 저지르는 경향은 만성적으로 운이 없는 사람들, 즉 인생의 패배자들이 지닌 가장 주목할 만한 특징 중 하나다.

주어진 상황에 운이 어떻게 영향을 미치는지 제대로 인식할 때, 상황은 필연적으로 변화하기 마련임을 강하게 인식하게 된다. 상황은 경고 없이 예측 불가능한 방식으로 급격하게 변화한다. 우리는 어떤 변화가 일어날지 또 언제 일어날지 알 수 없지만, 변화 자체는 조만간 일어나리라 확신한다. 다만 어제의 실패가 반복되지 않기를 바랄 뿐이다.

패배자의 문제는 계획과 운을 결정적으로 구분하지 못한다는 데 있다. 뮤추얼펀드 이야기에서는 다른 사람들의 계획과 운을 구별하지 못한 점이 그랬고, 룰렛을 즐겼던 교사의 경우에는 자신이 세운 계획에 관한 잘못된 결론이 실수를 자초했다.

어느 쪽이든 불운의 정신적 과정은 동일하다. 좋은 결과가 한 번 또는 몇 번에 걸쳐 일어날 때 그 흐름이 시작된다. 이때 좋은 결과를 얻은 사람은 이를 연구하고, 이 상황을 계획 덕분이라고 생각하며, 동일한 계획이 미래에 또 같은 결과를 가져오리라고 결론짓는다. 그리고 결국 실패한다.

운의 성향을 인지하면 그런 식으로 갇히는 것을 피할 수 있다. 이는 우리가 위험을 감수해야 하는 상황을 피한다는 뜻이 아니다. (나중에 다시 살펴보겠지만) 오히려 그와는 정반대다. 어떤 상황에 부닥쳤을 때 상황이 운의 지배를 받거나 크게 영향받을 수 있다는 걸 인지하면, 사건이 전개될 때 가벼운 마음가짐을 유지하고 여차하면 뛰쳐나갈 준비를 할 수 있음을 의미한다.

좋은 운을 끌어오는 방법은 자신에게 이렇게 말하는 것이다.

"좋아, 룰렛 게임이나 뮤추얼펀드 투자처럼 이 위험해 보이는 상황에 뛰어들어 봐야지. 하지만 계획이 원하는 대로 상황을 만들 거라는 망상은 하지 말자. 좋은 운이 크게 들어오는 것 같으니 너무 자신감에 차거나 여유롭게 굴지 않아야겠어. 급격하게 상황이 바뀔 수도 있으니까. 너무 대범하거나 되돌릴 수 없는 행동도 하지 말아야지. 마음에 안 드는 변화가 있으면 즉시 빠져나갈 수 있게 말이야."

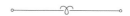

물론 인생에는 도박이나 주식에 투자하는 것만큼 운에 크게 영향받지 않는 수많은 모험이 존재한다. 우리가 하는 많은 일은 어쩌면 계획이 운보다 더 중요할 수도 있다. 중요한 것은 언제가 됐든, 그게 무엇이든 주어진 시간에 어떤 상황에 처해 있는지 인지하는 것이다. 과연 당신은 자신이 세운 계획, 또는 다른 사람이 세운 계획에 의존할 것인가? 아니면 운에 의해 결정되는 결과를 받아들일 것인가?

간단하지만 친숙한 예를 하나 들어보겠다. 자동차 운전은 일반적으로 계획에 의존할 수 있는 성질의 상황이다. 보통은 계획한 목적지에 도착한다. 하지만 실제로 불운이 계획을 망칠 수도 있다. 예컨대 가는 길에 음주 운전자가 일으킨 사고에 휘말리는 식이다. 하지만 이런 우연한 일이 일어날 가능성은 크지 않다. 비율로 따지자면 99:1 정도로, 계획이 확실하게 운을 좌우하는 상황이다.

좀더 복잡한 예를 찾아보면 스포츠에서의 특정 상황이 그러하다. 자선모금 행사에서 미국의 전설적인 테니스 선수 빌리 진 킹 Billie Jean King이 아마추어 선수와 테니스 경기를 하는 모습을 본 적이 있다. 이 경우 경기 결과는 전적으로 킹의 계획에 따라 결정된다. 그녀는 이기려고 계획했고, 그 계획대로 경기에서 승리했다. 킹은 초등학생 때부터 전문적인 지도를 받으며 테니스를 시작한 뒤, 출전하는 경기마다 완벽한 플레이를 펼쳤다. 가장 일어날 가능성이 없는 상황이 아마추어 선수가 그녀를 이기는 것이었다. 따라서 그 게임에 미치는 계획과 운의 영향은 앞서 살펴본 자동차 운전에 미치는 영향과 거의 비슷했다. 99%의 계획, 그리고 1%의 운인 셈이다.

일주일 뒤, 킹은 크리스 에버트 Chris Evert와 같은 프로 선수들을 상대로 고전하며 프로 토너먼트에 복귀했다. 이 상황에서 운과 계획이 미치는 영향의 비율은 반반에 가까웠다.

우리가 살면서 겪게 되는 인생의 중요한 모험에서 이 비율에 관한 생각을 정립하는 것은 매우 중요하다. 커리어나 결혼, 투자의 영역에서도 마찬가지다. 예컨대 57%의 계획과 43%의 운이라는 식으로 정확한 수치를 도출하는 건 불가능하며, 이를 시도하는 것은 어리석다. 하지만 다양한 인생의 상황에서 운의 상대적 영향에 관한 일반적인 인식을 기를 수는 있다. 이는 정확하지 않아도 유용하게 쓰인다.

예를 들어 직업이나 결혼과 같은 인생에서 더 복잡한 상황을 연구하다 보면, 운의 영향이 우리가 믿었던 것보다 더 크다는 사실을 발견할 가능성이 크다. 이를 알게 되면 충격을 받을 수도 있을 것이다. 하지만 기죽지 말자. 그리고 이런 사실을 알아내는 행동 자체가 우리의 운을 자동으로 끌어올릴 수 있다.

이해를 돕기 위해 웬델 R. 오즈번Wendell R. Osborne이 경험한 커리어에서의 모험을 이야기해보겠다. 오즈번은 한 건설 자재 회사의 간부로, 나이는 쉰다섯 살이다. 그는 평생에 걸쳐 두 번이나 직업 없이 길거리에서 떠도는 경험을 했다. 첫 번째는 30대 후반, 두 번째는 40대에 찾아왔다. 첫 번째 시기에는 그저 절망할 뿐이었지만 두 번째 시기에는 운을 열심히 공부하는 사람이 되어 있었기 때문에 별로 걱정하지 않았다. 실제로 그는 그 경험을 자신에게 유리한 쪽으로 활용했다.

나는 인생에서 두 번째로 직장을 잃었던 시기의 그를 뉴욕의 포티플러스클럽Forty-Plus Club에서 만났다. 나는 당시 운에 관한 이야기를 듣고 지혜를 얻기 위해 일부러 그곳에 갔다. 미국과 유럽의 주요 도시에 있는 포티플러스클럽들은 중장년층 남녀의 취업을 돕는다는 하나의 목적 아래 운영되고 있었다. 나이가 마흔이 넘었고 임원급으로 일하던 직장을 잃었으며 다시 새로운 직장을 구하는 데 어려움을 겪고 있다면, 포티플러스클럽에 가입할 자격이 주어졌다. 이 클럽은 일반적인 구직 활동을 지원하거나 구직 시 나이 차별에 맞설 때 특별한 도움을 준다. 그리고 가장 중요한 사기 진작 활동을 활발히 전개한다. 모든 구성원은 실직 상태인 남녀다. 직장을 구하면 그 즉시 클럽을 떠나게 된다. 그렇기에 그곳은 행운과 불운에 관한 이야기를 듣기에 최적의 장소였다.

웬델 오즈번이 자신의 이야기를 들려주었다. 젊은 시절 그는 아이오와주의 가공육 생산 업체 더올드라스패킹컴퍼니The old Rath Packing Company에 입사했다. 그곳에서 젊은 오즈번은 자신을 아들처럼 대해준 한 중년 간부 덕분에 특별한 훈련을 받았고 곧 생산설비 감독으로, 이어 관리직으로 승진했다.

그는 포티플러스클럽의 낡아 헐거워진 안락의자에 편히 앉아 지난날을 회상했다. "전 일을 꽤 잘하는 편이었습니다. 업무 관련 계획을 세우고 문제 상황을 예견하고, 또 사람들이 일을 잘 끝마칠 수 있게 동기를 부여하는 등의 관리 업무에 능숙했죠. 하지만 업무 능력이 너무 좋았기 때문에 제 삶에 존재하는 다른 강한 힘들을 놓쳤던 것 같습니다. 운이란 걸 생각하지 못했던 거예요."

지금 그는 자신이 사회생활 초기에 거둔 성공이 적어도 반은 좋은 운 덕분이라고 확실히 인지하고 있다. 그의 멘토가 되어준 중년 간부가 아니었다면 그렇게 빨리 위로 올라갈 수 없었을 것이다.

그렇다면 오즈번은 어떻게 그 중년 간부를 만나 멘토-멘티 관계를 형성했을까? 그것은 순전히 운이었다. 그들은 주차장에서 우연히 만났다고 한다. 젊은 오즈번은 당시 중년 간부가 펑크 난 타이어를 교체하는 것을 도왔다. 그때 오즈번이 주차장에 있었던 것 자체가 운이 좋은 상황이었다. 그에겐 차가 없었고, 그의 말에 따르면 '그냥 별 이유 없이 돌아다니던' 중이었다.

그렇기에 그가 쌓아 올린 커리어와 성공의 최소한 절반 정도는 되는대로 내디딘 발걸음, 즉 특정 방향으로 그를 인도한 기회의 사소한 디테일 덕분이라고 볼 수 있다. 오즈번은 자신이 초기에 쌓은 커리어를 돌아보며, 같은 방식으로 운이 영향을 미친 삶의 전환점들을 여럿 확인할 수 있었다. 하지만 당시의 젊은 오즈번은 운을 믿지 않았다. 그는 오직 자신이 업무관리 능력만으로 직장에서 잘나가고 있다고 생각했다.

룰렛 게임 결과를 분석했던 고등학교 교사처럼, 또 뮤추얼펀드의 성과를 연구했던 초보 투자자들처럼 젊은 오즈번은 삶에 미치는 큰 영향을 영구적으로 여겼다. 그는 당시 업무 능력이 출중했다. 오늘도 그랬으니 다음 날도 그럴 터였다. 그런 식으로, 다가올 그의 수많은 앞날이 안전하다고 생각했다.

하지만 이것은 그만의 생각이었다. 더올드라스패킹컴퍼니는 예기치 못한 경제적 변동 상황에 휘말렸고, 그 변화는 결국 회사의 몰락을 가져왔다. 충격적인 돌발 상황과 함께 건실했던 회사가 무너지기 시작했다. 공장이 폐쇄되고, 지점이 줄었으며, 대량 해고가 이어졌다. 간부 회의실에서도 악재에 겁을 먹은 사람들이 살아남기 위해 치열한 경쟁을 벌였다. 그 상황에서 오즈번의 멘토가 조기 퇴직을 강요받았고, 오즈번은 든든한 후원자의 존재를 잃고 더는 보호받을 수 없는 처지가 됐다.

그는 망연자실했다. 지금 자신에게 무슨 일이 닥친 것인지 상황을 제대로 파악할 수도 없을 정도였다. 그는 이미 모든 인생 계획을 세운 뒤였다. 앞으로도 그의 삶은 탄탄대로일 것 같았다. 그런데 어떻게 갑자기 계획이 무너질 수 있는 걸까? 오늘 그의 능력은 어제와 다름이 없었다. 그런데 왜? 어째서 어제 누렸던 안락한 시간이 오늘 연기처럼 사라진 걸까? 불운한 청년은 이 괴로운 질문을 자신에게 던져야 했다. 시간이 지나고 비로소 그는 답을 알아냈고, 마침내 찾은 그 답을 절대 잊지 않았다.

그는 이윽고 새로운 직장을 구했다. 하지만 개인적으로 많은 고통의 시간을 보내고 개인파산 직전까지 간 뒤에야 구직에 성공할 수 있었다. 그는 두 번 다시 이런 약한 모습을 보이지 않겠다고 다짐했다. 뉴저지에 있는 중견 제조 회사에서 새로운 일을 시작한 그는 정신을 똑바로 차리고, 커리어에서 조용히 영향을 발휘하는 운의 흐름을 관찰했다.

전 회사에서 그랬던 것처럼 그는 빠르게 위로 치고 올라갔다. 그는 업무에 능숙했고 운이 적재적소에 그를 데려다주었을 때 자신에게 유리한 쪽으로 상황을 잘 활용했다. 이전 같은 실수는 되풀이하지 않았다. 그는 자신의 업무 능력이 가치가 있다고 생각했지만, 잘나가는 현재가 단지 능력 덕분이라고 착각하진 않았다. '운이 좋게 작용해서 잘되고 있는 거야'라고 계속해서 되뇌었다. '하지만 운은 바뀔 수 있어. 오늘은 좋은 운이 날 도왔지만 내일은 또 운이 나빠 상황이 안 좋아질 수도 있겠지.'

또한 자신은 알 수 없는 방법으로 운이 바뀔지 모를 그때를 대비했다. 그날이 올 수도 있고 안 올 수도 있었지만 그는 항상 내일이 그날이 될 것처럼 행동했다. 직장에서의 커리어가 착착 쌓여가는 것처럼 보일 때도, 이보다 더 좋을 수 없을 정도로 안정감을 느낄 때도 결코 긴장을 늦추지 않았다. 그는 다른 직업을 택할 가능성도 늘 염두에 두었다. 그는 다른 회사에서 일하는 친구들을 귀찮게 하며 채용 정보를 모았다. 임원 채용 담당자가 유럽에서의 채용 건으로 속을 떠보려 그에게 접근했을 때도 "아뇨, 전 지금 회사에 만족합니다"라고 말하며 그를 외면하는 행동은 하지 않았다. 그 대신 그는 채용 담당자와 친구로 지낼 수 있게끔 애썼고, 그 결과 1년에 한두 번은 채용 담당자와 연락을 주고받는 친근한 관계를 맺게 됐다.

그는 "직업을 잃게 되면 어떻게 행동해야 할지 항상 정확히 인지했어요"라고 회상했다. "누구에게 어떤 내용의 전화를 하고 어떤 편지를 보내야 할지 항상 생각하고 있었죠. 포티플러스클럽도 그런 마음에서 알아본 겁니다. 대부분의 사람은 길거리로 쫓겨나기 전까지는 그렇게 하지 않아요. 하지만 저는 아직 직장에 다니고 있고 안정되어 있다고 생각할 때 그런 생각을 했습니다."

결국 예상했던 그 일이 그에게 다시 일어났다. 그는 직장을 잃고 말았다. 이유를 묻자 그는 당시 회사의 고위층 임원이 어떤 중요한 판단을 잘못 내린 점이 일부 원인이었다는 것 외에는 말을 아꼈다. 회사 측 비난의 화살은 점점 오즈번에게로 향했고, 그때 그는 40대 후반에 접어든 시기였다.

직장인이라면 누구에게나 닥칠 수 있는 불운이었다. 예측은 불가능했다. 하지만 이 경우, 어떤 면에서는 오즈번의 예측이 적중했다고 볼 수 있다. 그는 자신의 운이 바뀔 수 있음을 늘 인지하고 있었다.

그리고 실제로 상황이 바뀌었는데 그는 이미 준비가 되어 있었다. 포티플러스클럽에서 통상적으로 머무는 기간은 약 3개월인데, 오즈번은 2주 동안 무려 세 군데에서 일자리 제안을 받았다. 그가 최종적으로 가기로 한 회사는 전에 받았던 월급보다 거의

50%나 높은 액수를 제안한 곳이었다.

　앞에서 본 고등학교 교사와 젊은 시절의 웬델 오즈번은 잘 세운 계획이 좋은 결과를 가져온다고 생각하는 바람에 어려움에 처했다. 자주 발생하지는 않지만 그 반대 상황도 없지는 않다. 안 좋은 결과 탓에 무너지면, 운이 따르지 않는 성격은 불운의 역할을 무시한 채 발생한 손실을 개인적인 실패의 탓으로 돌린다.

　이것이 앞에서 간단히 살펴본 '비극적 결함' 이론에 해당한다. 왜 그런지는 모르겠지만, 문학을 가르치는 교사들은 이에 푹 빠져 있다. 이 이론에 따르면 불운 때문에 생겨나는 나쁜 일은 없다. 햄릿이나 불쌍한 맥베스의 상황이 어떻게 잘못됐든 간에 아마도 그건 그들 자신이 자초한 결과일 거라고 판단한다. 이와 마찬가지로 회사 상황이 급변해 실직하거나 부부 싸움 때문에 배우자를 떠나보내거나 주식시장에서 돈을 잃는다면, 그 모든 원인에 일종의 비극적 결함을 들어 가정한다.

　하지만 이런 생각은 하지 말자. 쓸데없는 좌절로 이어지기 마련이다.

　"도대체 나한테 무슨 문제가 있는 거지?"

　십중팔구 아무 문제도 없다. 우리는 단지 운이 좋지 않았을 뿐이다. 그러니 정신을 똑바로 차리고 또다시 도전해보자.

'비극적 결함'이라는 개념은 고등학교 영어 수업 시간에서나 장난치며 흘려보내기 좋은 생각이지 실제 생활과는 거의 관계가 없다. 실생활에서 행운과 불운은 능력 아니면 결점만큼이나 자주 우리를 지배한다. 불운이 닥치면 그 일을 냉정히 살펴봐야 한다. 전부 또는 대체로 우리가 잘못해서 생긴 일일 수도 있다. 어리석은 행동을 했거나 상황에서 벗어날 능력이 부족했는지도 모른다. 그런가 하면 어쩌면 운에 90% 이상 지배되는 성격의 일일 가능성도 있다. 만일 그렇다면 '운이 나빠서 잘못됐다'라는 말을 부끄러워할 필요가 없다.

뉴욕에서 심리치료사로 일하는 낸시 에드워즈Nancy Edwards 박사의 말에 따르면 자신을 찾는 심각한 환자 중 일부의 특징이 바로 자기 잘못이 아닌 일로 자책하는 것이라고 한다. 대부분이 평생 불운에 시달려온 것처럼 보이는 사람들, 즉 만성적인 패배자들이다. 에드워즈 박사가 이 용어를 사용하지는 않지만, 그녀의 말이 애틀랜틱 시티나 월스트리트에서 절대 성공할 수 없는 유형의 사람을 지칭하고 있음은 분명하다.

예를 들어 한 40대 여성 환자는 오랫동안 커리어의 수준을 낮춰 쌓아오기만 한 전적이 있었다. 그녀는 직장에서 1~2년 일하다가 일종의 불운에 부딪히면 자신이 실패했다고 자책했고, 우울감과 낙담 속에서 일을 그만두었다. 그러고는 본인이 그 정도 어려운 수준의 일은 감당할 수 없다고 믿으며 더 낮은 수준의 새 직업을 찾았다.

이는 어떤 의미에서는 웬델 오즈번과 정반대 상황이다. 오즈번이 초기에 쌓은 성공적인 커리어에서 발휘된 행운의 역할을 인지하지 못한 반면, 에드워즈 박사의 환자는 직업상 닥친 어려운 상황에서 불운의 역할을 인식하지 못했으니 말이다. 하지만 둘 다 근본적으로는 같은 실수를 했다. 오즈번과 여성 환자 모두 닥친 일을 이해하기 위해 오직 자신의 내면만 들여다봤다. 이는 불운으로 가는 지름길이다.

운이 따르는 성격에는 외부 요인뿐만 아니라 내면의 모습도 중요하게 작용한다. 인정하건대 이는 우리가 중요하게 여겨온 오랜 윤리관의 설교 중 일부와 부딪히는 개념이기에 이런 생각을 하는 게 항상 녹록지만은 않다. 우리는 학교와 교회 또는 업무 능력 관련 세미나에서 우리가 자신의 삶을 만들어가는 유일한 사람이며, 그렇기에 삶의 결과물은 전적으로 자신이 만들어낸 것이라는 말을 듣는다. 하지만 이 말을 믿어서는 안 된다. 터무니없는 생각이기 때문이다.

우리의 운을 조절하는 첫 번째 단계는 운의 존재를 인식하고, 운과 계획을 구분하는 것이다.

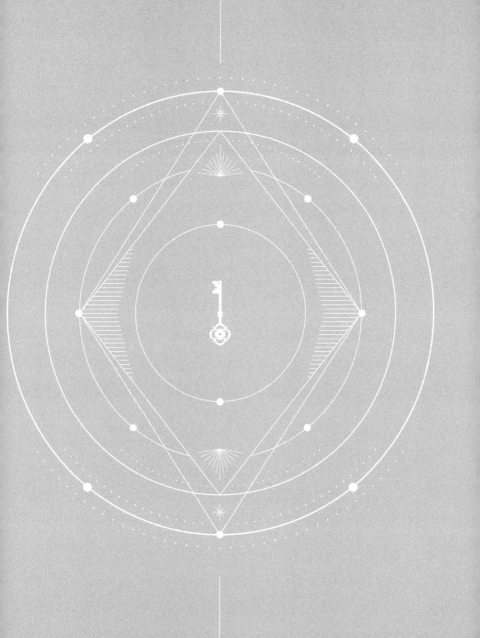

2장

___

두 번째 법칙

·

빠른 흐름을
잡아내라

___

HOW TO GET LUCKY

미국의 배우이자 모델인 로런 바콜Lauren Bacall은 어렸을 때 친구를 많이 사귀고 빠르게 돌아가는 시대와 상황에서 뒤처지지 않도록 노력했다. 같은 배우인 커크 더글러스Kirk Douglas도 마찬가지였다. 만일 그들이 그렇게 행동하지 않았다면 오늘날 우리는 그들의 이름을 알지 못했을 것이다.

재능이 있었는데도 몰랐을까? 물론 그들에게는 재능이 있었다. 재능뿐 아니라 재치와 매력, 우아함 등과 같은 자질을 많이 지니고 있었다. 하지만 운이 없었다면 그 자질들은 아무 도움이 되지 않았을 것이다. 묘하게 연결되는 이들의 이야기는 한 남성과 한 여성이 빠르게 흘러가는 시대 상황에 뒤처지지 않으면서 좋은 운을 찾아낸 방법을 명료하게 보여준다.

바콜은 제2차 세계대전 초기에 뉴욕에서 고군분투하던 배우이자 모델이었다. 당시 뉴욕은 바콜과 같은 유망주들로 넘쳐났다. 대부분의 유망주가 매력적이었고, 그들 중 많은 수는 진짜 재능을 지니고 있었다. 그들은 모두 뉴욕에서 멀리 떨어진 곳 출신이었으며, 외모로 유명세를 떨치거나 독립기념일 퍼레이드의 맨 앞자리를 차지했다. 또 고등학교 3학년 때 연극에 출연한 경험도 있었다. 이제 그들은 무대를 옮겨 세계의 주목을 받기 위해 빅애플(뉴욕을 일컫는 말로, '성공의 도시'라는 의미도 있다—옮긴이)에 있었다.

하지만 그들 대부분은 쓰라린 경험을 했다. 매달 이 위대한 도시에 몰려드는 아름답고 재능 넘치는 수천 명의 젊은 도전자 중 극히 소수만이 전 국민에게 또는 특정 지역에서 이름을 날리는 스타로 선택될 수 있었다. 분명 재능이 부족한 사람들은 빠른 속도로 잊히겠지만 그런 그들을 제외해도 여전히 수천, 수만 명이 남아 있었다. 그들 모두 재능이 있고 그 재능에는 감히 값을 매길 수 없기 때문에 다들 대략 같은 출발선에 선다고 가정해야 한다.

그렇다면 무엇이 그 젊은 여성들의 성공과 실패를 결정지을까? 몇 안 되는 승자는 어떻게 선택되는 걸까? 답은 바로 운이다. 웅장하고 절박하기까지 한 행운의 복권 당첨자라는 자격은 적재적소에 있었을, 기회를 잡은 사람들에게 돌아간다.

젊은 로런 바콜에게 주어진 꿈같은 결과도 그랬다. 1986년에 출간된 그녀의 자서전 《나 혼자서By Myself》에 따르면 그녀가 뉴욕에서 보낸 처음 2년간은 계속해서 불운이 따랐다. 배역을 맡은 연극은 곧바로 막을 내렸고, 그다음 따낸 모델 일은 별다른 이유 없이 안 좋은 결과로 끝이 났다. 무심결에 (우리가 앞서 다룬) 첫 번째 법칙을 연습하면서 그녀는 불운이 무엇인지 인지했다. 자신에게 찾아온 나쁜 결과가 절대 자신의 잘못에서 비롯된 게 아니라는 점을 정확히 인식했기 때문에, 체력이 허락하는 한 더 열심히 노력하는 편이 낫다고 판단했다.

그래서 그녀는 계속해서 두 번째 법칙을 적용했다. 이 법칙 역시 그녀에게는 별생각 없이 다가왔다. 그녀의 자서전에서 운을 통제하는 법칙에 관해 진지하게 생각해본 것 같은 흔적은 찾기 힘들다. 그녀는 대부분의 원칙을 깊게 생각하지 않고 적용해보는 사람 중 한 명이었으며, 또 정확한 이유를 알지 못한 채 결국 운이 좋았던 사람이기도 하다.

우리가 따라야 할 두 번째 원칙은 다음과 같다.

'상황의 흐름이 가장 빠른 곳으로 이동하라.'

다양한 사람들과 변화무쌍하게 발생하는 일들로 우리 주변을 에워싸자.

젊은 로런 바콜은 자신에게 아무에게나 주어지지 않는 기회, 즉 큰 행운을 얻을 기회가 늘고 있다는 사실을 미처 깨닫기도 전에 그렇게 기회를 잡았다. 그녀는 일련의 불운이 자신을 낙담시키게 내버려 두지 않았다. 사람들이 자신의 결점 때문에 일이 꼬인다고 생각할 때 찾아오는 불운, 즉 우울한 기분에 휩싸여 생기를 잃는 대신 그녀는 빠르게 흘러가는 흐름에 집중하려 애썼다. 그녀는 〈스테이지 도어 캔틴the Stage Door Cnteen〉과 같은 전쟁물에 참여하거나 극장 안내원 아르바이트를 했고, 데이트·파티·소풍 등 여러 사교적인 모임에 정신을 차리지 못할 정도로 바쁘게 참여했다. 그런 식으로 그녀는 정신없이 휘몰아치는 사람들의 중심에 있으려고 노력했다. 주변 사람 중 누가 자신의 돌파구 역할을 해줄지 알 수 없었기 때문이다.

알고 보니 그녀의 운명이 걸린 사람은 티머시 브룩Timothy Brooke 이라는 영국의 무명 작가였다. 그와 바콜은 연인은 아니었다. 브룩은 남과 어울리기 좋아하는, 젊은 여자 배우 지망생들과 잘 어울려 다니는 다정한 남성일 뿐이었다. 어느 날 밤 그들은 토니스라는 이름의 나이트클럽에 갔다. 그곳에서 브룩은 우연히 알게 된 지인 니컬러스 드 군즈버그Nicolas de Gunzburg 남작을 바콜에게 소개해주었다. 당시 바콜은 몰랐지만 이 만남은 그녀를 커다란 기회로 이끈 길고 연속적인 상황의 첫 번째 연결고리였다.

드 군즈버그 남작은 1867년에 창간되어 현재까지도 발간되고 있는 미국 최초의 패션 전문지 〈하퍼스바자〉의 편집자였다. 남작을 통해 이 운 좋은 젊은 여배우는 잡지의 패션 분야 편집자였던 다이애나 브릴랜드Diana Vreeland를 또 소개받았다. 브릴랜드는 바콜에게 모델 일을 주었다. 이윽고 그녀가 등장한 매력적인 전면 사진이 하워드 호크스Howard Hawks라는 할리우드 제작자의 눈길을 끌었다. 드디어 로런 바콜의 영화계 커리어가 시작되는 순간이었다.

그녀는 기품이 넘쳤고 외모도 뛰어난 데다가 재능 넘치는 여성이었다. 이런 자질들은 그녀가 위로 올라가는 데 필수적인 역할을 했다. 그녀는 큰 기회가 왔을 때 잘 활용할 수 있도록 이 자질들을 지니고 있어야 했다. 동시에 자신도 기회를 잡으려 노력해야 했다. 그녀가 빠른 흐름을 찾기 위해 발 벗고 나서지 않았다면, 그래서 결과적으로 영국의 무명 작가를 만나지 않았다면 오늘날 우리에게 로런 바콜이라는 이름은 큰 의미를 가지지 못할 것이다.

로런 바콜은 운에 관해 그렇게 깊이 생각하지 않았던 것 같다. 아마 운이 좋은 성격을 타고난 덕분에 운에 관해 크게 걱정할 필요를 느끼지 않아서일 것이다. 그녀는 자연스러운 삶의 흐름대로 살았고 인생에서 일어난 대부분의 일을 그저 즐겼다. 하지만 뉴욕에서 큰 기회를 기다리며 어려움을 겪던 시기에 그녀는 사람의 삶에서 운이 하는 역할을 궁금해하며 많은 시간을 보내던 한 젊은 남성을 만났다. 뉴욕 암스테르담에서 온 그의 이름은 이수르 다니엘로비치Issur Danielovitch였다. 그 역시 배우를 직업으로 삼기 위해 노력하고 있었고, 커크 더글러스라는 예명을 썼다.

힘겨웠던 뉴욕에서의 많은 세월이 지난 뒤 나는 할리우드에 있는 그의 에이전트 사무실에서 더글러스를 인터뷰했다. 비록 그 용어를 사용하진 않았지만, 더글러스는 빠른 흐름의 방향에 관해 의식적으로 생각했다고 회상했다. 뉴욕에서 아직 자리를 잡지 못한 젊은 무명 배우로서 굶주리지 않기 위해 슈라프트 레스토랑에서 일할 때, 그는 만약 기회가 온다면 그 기회는 다른 사람을 통해 찾아온다고 확실히 깨달았다. 그 사람이 정확히 누구인지는 알 수 없었지만, 도약할 기회의 가능성이 아는 사람들의 수에 비례해 높아진다는 점은 알고 있었다.

"은둔자로 지낸다면 우리 인생에서 아무 일도 일어나지 않을 겁니다"라고 그가 말했다. "반대로 은둔자와 정반대의 삶을 산다면 뭔가 사건이 일어나죠."

이 말처럼 그는 은둔자와는 정반대의 인생을 살았다. 슈라프트 레스토랑 일을 쉬는 동안 그는 사람들과 일의 소용돌이 속에 스스로 뛰어들었다. 그러다가 알게 된 사람이 로런 바콜이라는 이름의 젊은 배우 지망생이었다.

당시에는 싸구려 옷을 입은 무명의 젊은 여성이 그에게 딱히 특별한 행운의 통로가 되어줄 것 같지 않았다. 그녀는 아무 권력도 없었고 사회 고위층과 어떤 교류도 없었다. 만일 더글러스가 단지 부자와 권력자를 만나겠다는 다분히 이기적인 목표를 품고 사회적인 삶을 계획했다면 바콜을 무시했을 것이다. 하지만 지나치게 냉소적이고 편협한 접근 방식은 좋은 운을 끌어들일 것 같지 않다.

운이 따르는 성향의 사람들은 눈에 보이는 모든 사람을 알려고 한다. 부유한 사람과 가난한 사람, 유명한 사람과 그렇지 않은 사람, 사람들과 어울리길 좋아하는 사람과 사교적이지 않은 사람, 심지어 괴팍한 사람까지도 알고 싶어 한다. 신속하고 심오하며 예측하지 못한 상황 변화를 가져오는 것이 운의 본질이기 때문이다. 그리고 이것이 커크 더글러스와 친구가 된, 성공을 열망하던 젊은 여배우에게 일어난 일이었다. 그녀에게 인생의 큰 기회가 찾아왔고 그 기회는 바콜을 할리우드로 이끌었다. 그리고 마침내 그녀는 더글러스에게 영화 산업으로 통하는 문을 열어줄 수 있었다. 커크 더글러스는 1940년 말에 그녀를 따라 스타덤에 올랐다. 그녀의 행운이 그에게도 행운의 형태로 옮겨진 셈이다.

긴 사슬처럼 연결된 모든 상황이 일어날 수 있었던 것은 둘 다 빠른 흐름을 찾았기 때문이다. 만약 둘 중 한 명이라도 그렇게 하지 못했다면 커크 더글러스의 연기 재능이나 멋진 턱은 그에게 아무런 도움이 되지 않았을 것이다. 그리고 우리 역시 오늘날 그의 이름이나 얼굴을 알지 못할 것이다.

영화계 진출을 열망하든, 아니면 단순히 더 높은 연봉을 받거나 더 흥미로운 직업을 찾고 있든 규칙은 동일하다. 일의 흐름이 가장 빠르게 진행되는 곳으로 가자.

뉴욕의 경영 컨설턴트이자 임원 채용 담당자인 에릭 워첼Eric Wachtel은 말 그대로 수백 명이 커리어 사다리를 오르는 모습을 지켜봤다. 그가 관찰한 바에 따르면, 좋지 않은 결말을 맞이한 사람들은 종종 자신이 고립되는 상황을 그저 관망하며 내버려 두었다.

"그렇다고 당신이 지역에 사는 모든 사람과 친분을 맺는 성향이어야 한다는 말은 아닙니다"라고 워첼은 말했다. "모두가 파티에서 분위기 메이커가 될 순 없으니까요. 물론 다른 사람보다 조용하고 차분한 성격을 지닌 사람도 있습니다. 하지만 모두와 친해지고 싶다는 표정과 태도로 사람들과 어울려 다닐 수는 있잖아요. 활동적으로 지낼 수도 있고요. 제일 안 좋은 것은 집과 직장에서 형성되는 친구나 지인들과의 네트워크에서 물러나는 겁니다. 네트워크에 속해 있지 않다면 자기 뜻대로 해나갈 수 있는 일이 없을 거예요."

영화계처럼 비즈니스계에서도 큰 기회는 사람들과의 접촉을 통해 흐른다. 꼭 친밀한 우정이어야 하는 건 아니다. 그저 형식상 계약일 수 있으며, 그마저도 가끔은 보잘것없는 계약이어도 된다. 멀리 떨어져 있던 긴 인연의 사슬 끝에서 A라는 사람이 일을 그만두었고, 이때부터 운명의 엔진이 돌아가기 시작한다. 새 일자리가 생겼다는 걸 알게 된 B는 A가 그만둔 자리에 지원하려고 하는데, 때마침 오랜 친구 C가 더 좋은 자리를 제안하자 그쪽으로 간다. 이 얘기를 전해 들은 D가 어느 날 E와 점심을 함께하며 구인 공고에 관해 언급한다. E는 F가 흥미로워할 소식이라고 생각한다.

E와 F는 단짝 친구가 아니라 우연히 알게 된 사이다. 아마도 그들은 퇴근하고 가끔 만나 술을 마시는 사이거나, 주말에 걸스카우트 활동을 하는 자원봉사자로서 알게 된 동료 관계일 수도 있다. 어느 쪽도 상대방을 '가장 친한 친구' 리스트에 올리지 않을 것이다. 하지만 E는 F를 좋아하고 어떤 종류의 일이 그녀에게 흥미로울지 추측할 만큼 F라는 사람에 관해 충분히 알고 있다. 그리고 잠재적인 기회의 통로 역할을 할 수 있다는 사실을 기뻐한다. 그렇게 F는 자신과 거리가 멀던 구인 공고 소식을 듣게 되고 이에 도전한다. 그리고 그 일을 시작해 자신의 삶을 바꿔나간다.

사람들은 틀림없이 F를 질투할 것이다. "어쩜 그렇게 운이 좋을 수 있지?" 또 이렇게 말할 것이다. "딱 그 자리에, 그 시간에 있었네!"

그렇다면 그녀는 어떻게 적재적소에 있었던 것일까? 그녀가 수없이 많은 장소에 있으려고 노력했기 때문이다. 운명은 그녀에게 행운의 기회를 주었고 그녀는 그것을 잡아냈다. 그녀 스스로 그 상황을 만든 것이다.

겉보기에 약한 사람들 간 연결의 힘은 우리 사회에서 잘 이해되지 않는 현상 중 하나다. 때로 우리는 강력한 연결고리에 관해 알고 싶어 하는 것 이상으로 많은 것을 알고 있다. 정신과 의사들과 심리학자들은 성性과 사랑, 가족 간의 유대 그리고 친밀한 우정에 관해 영원히 연구해나갈 것이다(이 책의 뒷부분에서는 '운명의 짝'이라고 불리는 특별한 종류의 우정을 살펴볼 계획이다). 하지만 약해 보이는 저 연결고리에 관해서는 어떤가? 안타깝게도, 우리 삶에 가장 큰 영향을 미칠 수 있는데도 그 연결고리에 우리는 그다지 많은 관심을 기울이지 않는다.

나를 보고 내 이름을 들어도 '친하다'라고 말하지 않는 모든 사람을 떠올려보자. 1년에 몇 번 파티에서 만나는 이웃들이나 머리를 잘라주는 미용사, 회사 복도에서 마주치는 동료들, 우리 아이가 좋아하는 선생님, 교회 성가대에서 함께 노래했던 사람이나 작년에 알게 된 정치적 활동에 뜻을 같이했던 사람들…. 끝도 없이 명단을 추릴 수 있다. 만일 당신이 빠른 흐름 속에 있다면 이약한 연결고리의 접점을 100개도 넘게 떠올릴 수 있을 것이다.

MIT의 한 사회과학 연구팀은 보통의 평범한 미국인이라면 500명 정도의 사람과 직접 접촉을 이어간다고 분석한 적이 있다. 이 수치에는 강력한 연결고리만큼 약한 연결고리도 포함된다. 예를 들면 동네 슈퍼마켓의 계산대 직원 중 몇 명과 고개를 끄덕이는 수준의 친분처럼 굉장히 엉성한 접촉도 해당하는 식이다. 이 사람들은 내 얼굴을 알아보고 날씨나 식품 가격에 관해 가볍게 이야기하는 것을 즐긴다. 이 경우 그들에게 나는 아예 낯선 사람은 아니지만, 그래도 그냥 그 정도까지다. 그들은 내 이름이나 나에 관한 다른 어떤 사항도 모르기 때문에 언젠가 그들이 행운의 기회를 가져다줄 거라는 상상은 거의 하기 힘들다. 운에 관한 연구 목적상 '약한 연결고리'의 정의에 이처럼 매우 엉성한 접촉은 포함하지 않을 것이다.

이와 관련해 하버드대학교에서 재정적 지원을 받는 미국의 사회심리학자 스탠리 밀그램Stanley Milgram 박사가 다시 한번 정의했다. 그는 심리학자들이 말하는 이른바 '작은 세상 현상small-world phenomenon(6단계 정도의 짧은 연결고리를 거치고 나면 모든 사람이 서로 연결된다는 네트워크 현상―옮긴이)'에 관심이 있었다. 이는 사람들이 지닌 약한 연결고리의 네트워크가 자주 겹친다는 놀라운 상황에서 기인한 현상이다. 예컨대 비행기에서 전혀 모르는 사람을 만나 이야기를 시작했는데, 놀랍게도 둘이 같은 사람을 알고 있다는 사실을 발견할 수도 있다. 이럴 때면 '와, 세상 참 좁네!'라는 생각이 들지 않을 수 없다.

실제로도 그렇다. 밀그램 박사는 그것이 얼마나 작은 세상인지 알아내기로 했다. 이 연구는 운에 관한 우리의 연구와도 직접적인 관련이 있다. 우리가 이 '작은 세상'이 정말 얼마나 작은지 확실히 이해한다면 빠른 흐름에 들어가는 것이 왜 좋은 운을 따르게 하는지 더 잘 이해할 수 있을 것이다.

밀그램 박사는 대면 접촉 네트워크를 고려할 때 강한 연결고리와 약한 연결고리를 모두 포함했다. 하지만 슈퍼마켓의 계산대 직원과 고개를 끄덕이는 정도의 아주 사소한 접촉은 제외했다. 그는 오직 '의미 있고 개인적인 교류'가 있었던 접촉에만 관심을 두었고, 이를 '서로 이름을 부르는 친밀한 사람들과의 연락'으로 정의했다. 이는 다른 정의처럼 편리하고 간단한데, 우리가 말하는 '약한 연결고리'에는 서로 이름을 부르는 관계이면서도 친한 친구나 가족으로 분류되지 않는 사람들이 해당한다.

밀그램 박사는 무작위로 '목표 인물'을 선택했다. 예를 들면, 매사추세츠주 케임브리지에 거주하면서 신학생과 결혼한 여성을 선택했다. 그런 다음 캔자스 위치타에서 '시작하는 사람들'이라는 작은 그룹을 만들어 대상자를 영입했다. 위치타 역시 무작위로 선정된 곳이었고 '시작하는 사람들'에 속한 사람들도 마찬가지였다. '시작하는 사람들'에 속한 이들은 각각 밀그램 박사로부터 한 통의 편지를 받았다. 편지의 내용은 다음과 같았다.

이것은 '작은 세상 현상'에 관한 연구 목적으로 진행됩니다. 편지와 동봉된 문서는 매사추세츠주 케임브리지에 사는 한 여성에 관한 것입니다. 만일 당신이 이 여성과 서로 이름을 부르는 관계에 있다면 이 문서를 그녀에게 전달해주세요. 만일 당신이 그녀를 모른다면, 당신이 이름을 부르는 관계에 있고 당신이 판단할 때 그녀를 알 수도 있겠다고 생각되는 사람에게 이 문서를 전달해주시길 부탁드립니다.

이 이상한 실험의 목적은 목표로 한 인물에게 이 문서가 도착하기까지 얼마나 많은 약한 연결고리의 사슬이 필요한지 알아보는 것이었다. 또 밀그램 박사는 사람들에게 사슬이 얼마나 많아야 이어질지 예상해달라고도 부탁했다. 대부분의 사람은 100개 이상이라고 생각했다.

그리고 마침내, 밀그램 박사 자신도 놀랄 만한 결과가 나왔다. 1개의 사슬이 3개의 연결고리로 완성된 것이다. 처음 '시작하는 사람들' 중 한 명이었던 위치타의 한 농부가 자신의 목사 친구에게 이 문서를 전달했다. 목사는 자신의 지인이었던 케임브리지의 한 목사에게 이 문서를 전했다. 케임브리지의 목사는 목표 인물을 알고 있었고, 그렇게 사슬은 끝이 났다.

완성된 사슬 중 가장 긴 사슬은 연결고리가 10개였고, 중간 정도 길이의 사슬에는 5개의 연결고리가 있었다. 이렇게 보면 놀라운 결과가 아닐 수 없다. 하지만 수학적인 면을 들여다보면 그 놀라움은 한풀 꺾인다. 예를 들어 우리가 300명과 서로 이름을 부르는 사이인 강한 연결고리와 약한 연결고리를 가지고 있다고 가정해보자. 그리고 그것들 각각이 가진 연결고리가 평균 300개라고 치자. 이는 우리의 2차 연결고리, 즉 친구의 친구 총인원이 약 9만 명이라는 것을 의미한다. 그리고 우리의 3차 연결고리, 즉 친구의 친구의 친구는 총 2,700만 명이 된다.

이런 숫자들을 봐도 알 수 있듯이, 밀그램 박사의 실험에서 중간 사슬이 가진 연결고리가 단 5개밖에 안 된다는 것은 그리 놀랄 일이 아니다. 단지 300명의 사람과 친해짐으로써 우리는 거대한 인적 네트워크의 일원이 된다.

하지만 그것이 정말 그렇게 거대할까? 정말 우리가 2,700만 명의 3차 접촉자들과 의미 있는 방식으로 연결되어 있을까?

그렇다. 알고 보면 정말 그렇다. 운은 밀그램 박사가 설정한 매개체, 즉 그 문서가 그랬던 것처럼 목표 인물에 닿을 때까지 사람들로 연결된 사슬을 따라 흐른다. 그리고 그 흐름은 우리의 친구의 친구로부터 시작되는 경우가 빈번하다.

지루하고 뭔가 정체된 것 같은 삶의 엔진을 다시 작동시키기 위해 인생을 바꿀 일생일대의 연애가 필요하다고 생각해보자. 당신은 지역의 한 사회단체 동료인 A라는 남성과 약한 연결고리가 있다. 어느 날 밤, 당신이 모르는 A의 친구 B가 파티를 연다. 그날 밤 우연히 당신이 한가하다는 것을 안 A가 B에게 당신을 파티에

데리고 가도 되는지 묻는다. B는 흔쾌히 승낙한다. 파티에 참석할 또 다른 손님은 B의 친구 C인데, 당신과 A 둘 다 모르는 사람이다. 그런데 훗날 돌이켜보니 네트워크의 3차 연결고리에 속하는 C는 당신이 그토록 기다려온, 당신의 삶을 바꿔줄 바로 그 운명의 사람이었다.

이것이 바로 행운이 찾아오는 과정이다.

당신과 C 사이에서 꽃핀 사랑이 점점 더 커지고 있을 때 당신의 친구 몇몇이 질투할지도 모른다. "넌 참 운도 좋다!"라고 불평할 수도 있다. "왜 나한테는 그런 일이 일어나질 않지?"라면서 말이다.

아마 그들이 빠른 흐름에 속해 있지 않아서일 것이다. 당신의 행운은 당신이 A와 299명이라는 다른 사람을 알고 있었기 때문에 당신 곁으로 찾아왔다.

앞서 단지 고개만 끄덕이는 사이에 관해 언급했다. "잘 지냈어요? 오늘 날씨 좀 좋죠?" 이는 운의 흐름을 위한 잠재적 통로로 생각하기에는 너무 약한 연결고리다. 그렇다면 '어떤 면'에서 너무 약한지 알아보는 편이 유용할 것이다. 기본적으로는 다음과 같은 한 가지 면에서 그렇다. 다른 사람은 우리에 관해 충분히 알지 못한다는 것이다.

이 두 번째 법칙과 관련이 있는 운의 종류, 즉 사람들이 연결된 사슬을 따라 목표 인물에게 흘러들어 오는 기회는 슈퍼마켓에서 얼굴을 보는 정도의 사이인 목표 인물에게는 쉽게 닿지 않는다. 행운의 목표 인물이 되려면 네트워크에서 주요 연결고리에 해당하는 사람들에게 자신을 알려야 한다. 이 사람들은 여전히 우리가 '약한' 연결고리라고 부르는 사람일 수 있다. 하지만 그래도 그들은 최소한 당신이 누구인지, 어떤 일을 하는지, 당신의 관심사가 무엇인지, 당신이 인생에서 어떤 종류의 보상을 찾는지 알수 있을 만큼은 충분히 강한 연결고리여야 한다. 그리고 당신이 행운의 기회라고 생각하는 것이 무엇인지 그들이 알아야 한다.

가끔 끌리지 않는 부류의 사람들에 관한 매력적인 사실은, 예외적으로 서로가 행운의 기회를 가져오는 상황을 즐긴다는 점이다. 우리는 좋은 소식을 전하는 사람이 되고 싶어 한다. 채용 담당자 에릭 워첼도 전화기를 들고 "찰리, 당신이 좋아할 것 같은 일자리가 있어요"라고 말하는 일이 정말 즐겁다고 했다. 하지만 이런 식의 다정한 대우를 해주기 위해 나를 머릿속에 떠올리기 전, 그들은 내가 어떨 때 행복해하는지 알아야 한다.

워첼의 말도 이를 시사한다. "만약 제가 특정한 일자리에 사람을 채워 넣으려고 한다면 전 당연히 제가 아는 사람들이나 제가 이와 관련해 찾아낼 수 있는 사람들한테 연락하려 할 겁니다. 주변에도 물론 좋은 후보자들이 많이 있을 순 있겠죠. 하지만 정작 그들이 자신을 숨긴다면 절대 그들의 전화기는 울리지 않을 겁니다." 우리가 네트워크에 자신에 관한 기본적인 사실을 알릴 때 비로소 우리의 전화기 벨은 울리기 시작한다.

이는 일자리나 직장과 관련해서만 일어나는 일이 아니다. 애틀랜타에 거주하는 여성 도나 메츠거Donna Metzger는 식민지 시대에 만들어진 인형 한 쌍을 팔 때 있었던, '놀라운' 행운에 관한 이야기를 들려주었다. 하지만 이야기를 듣다 보면 그녀의 말처럼 그렇게 놀랍지는 않다. 도나 메츠거에게 행운이 찾아온 이유는 바로 그녀가 빠른 흐름을 발견하고 다른 사람에게 자신이 원하는 것을 알렸기 때문이다.

문제의 두 인형은 할머니가 손녀들에게 물건을 물려주는, 그녀가 속한 가문의 오랜 관습에 따라 집안 대대로 내려온 것이었다. 도나가 물려받은 인형들은 오래되고 낡아서 꼼꼼히 손을 봐야 하는 상태였다. 하지만 인형 수집에 별 관심이 없던 도나는 직접 그런 일을 하고 싶지 않았다. 그렇다고 인형을 버릴 생각도 없었다. 인형 수집가들에게 상당한 가치가 있을 수 있다는 사실을 잊지 않아서였다. 인형들은 진짜 수제 골동품이었다.

그래서 그녀는 인형들을 다른 사람에게 주거나 팔고 싶었다. 문제는 도나가 아는 인형 수집가가 전혀 없다는 점이었다. 그런 취미는 동전을 모으거나 우표를 모으는 것처럼 대중적이지 않았다. 이 상황에서 과연 도나는 어떻게 해야 했을까?

그녀는 신문에 광고를 내보려고 생각했지만, 그 생각을 당장 실행하지는 않았다. 대신 그동안 주변 사람들에게 자신이 처한 상황에 관해 이야기했다. 도나는 아는 사람이 많았고 빠른 흐름을 지향하는 사람이었다.

그녀는 지역 테니스클럽에서 함께 테니스를 치던 한 여성과 약한 연결고리가 있었다. 그리고 그 여성은 자신의 오빠와 전화 통화를 자주 했다. 오빠와 강한 연결고리가 있는 셈이다. 어느 날 그 여성이 오빠와 통화를 하다가 골동품과 수집 관련해 이야기를 하게 됐고, 그녀는 테니스클럽에서 알게 된 지인 도나 메츠거에게 골칫덩어리 인형들이 있다고 언급했다. 오빠는 마침 자신이 골동품 인형 수집에 열정적인 한 여성을 알고 있다며 재미있어했다. 수집가 여성은 그가 살던 필라델피아 교외의 이웃이었다. 그렇게 사슬이 완성됐다.

인형을 수집하던 그 여성은 저렴한 가격에 희귀 아이템 2개를 얻었고, 도나 메츠거가 그런 것처럼 그녀도 의심할 여지 없이 행운의 여신이 도왔다고 생각했다. 분명 두 여성 모두 놀라움에 찬 목소리로 이렇게 말했을 것이다.

"말도 안 되는 행운이 찾아왔어요!"

하지만 정말 말도 안 되는 일일까? 두 여성은 서로의 인적 네트워크에서 3차 연결고리에 해당했다. 그리고 둘 다 자기 자신과 자신이 원하는 것을 다른 많은 사람에게 알리는 행위를 통해 사슬을 완성했다.

코네티컷주에 사는 한 여성도 이와 매우 비슷한 이야기를 했다. 이 사례는 단순히 취미와 관련해 구매자와 판매자를 한자리에 모이게 한 것이 아니라, 오랜 세월 떨어져 있었던 아버지와 딸을 한자리에 모으는 것이었다.

그녀의 어머니는 출산 중에 세상을 떠났고, 아기를 돌볼 수 없는 형편이었던 아버지는 딸을 입양시키기로 했다. 그녀는 부모님의 삶과 자신의 유년기에 관해 이 정도의 정보와 소소한 이야기들만 알고 있었다. 그녀는 10대 때부터 얼굴도 모르고 산 아버지를 만나고 싶다는 생각이 머릿속에 항상 가득했다. 시간이 흘러 그녀는 40대에 접어들었고, 아버지를 다시 만날 수 있다는 희망을 거의 접었다. 한편 그녀는 사람들과 만나는 것을 천성적으로 좋아하는 사람이어서 많은 모임에 참여했고 많은 사람을 알고 있었다. 종종 그녀는 자신이 얼마나 오랫동안 아버지를 찾고 있었는지 이야기하곤 했다.

이쪽의 사슬도 도나 메츠거의 식민지 시대 인형들과 완전히 같은 방식으로 만들어지기 시작했다. 누군가가 또 다른 누군가에게 관련 화제를 꺼냈고 상대가 "재미있는 이야기네" 하고 반응했다. 알고 보니 캘리포니아주에 사는 한 남성이 아기였을 때 마지막으로 본 딸에 관해 자주 이야기했던 것이다. 그 남성의 나이와 그 밖의 몇몇 실마리가 일종의 패턴을 형성했고, 하나의 큰 그림이 만들어졌다. 사슬은 완벽했다.

이때도 사람들은 "정말 운이 좋네!"라고 말했다. 하지만 정말 그랬을까?

운을 끌어들이려면 사건들이 가장 빠르게 흘러가는 곳으로 가야 한다. 일단 이 말이 무슨 뜻인지 구체적으로 살펴보자. 간단히 말하자면 사람들과 접촉하라는 뜻이다. 많은 사람과 연관될 수 있도록 노력하자. 일이 빠르게 흘러가는 것을 그냥 두고만 보는 방관자 같은 사람이 되지 말자. 직접 그 사건들에 뛰어들어보자.

워첼은 일과 관련된 분야에서는 회사뿐 아니라 회사를 벗어난 곳에서도 자신을 알리기 위해 노력하는 편이 좋다고 조언했다. 다소 지겹더라도 모임에 참여하고 동료들이 퇴근 후 갖는 모임에도 참석하자. 평소 관계를 맺고 있는 사람들과의 작은 매듭을 넘어선 영역까지 당신을 강제로 내몰 수 있는 일종의 과제를 찾아라. 그리고 만나는 사람들에게 항상 자신의 직업적인 목표를 알리자.

직장 밖의 삶에서도 많은 사람과 만나고 많은 모임에 참여하는 상황을 만들려고 노력하자. 워첼이 말했듯 그 지역에서 인기 많은 사람이 되기 위해 노력할 필요는 없다. 활발함은 가장할 수 없기 때문이다. 못마땅한데도 마지못해서 하는 성향은 다른 사람에게 투명하게 감지되며, 그렇게 노력하는 것은 본인에게도 피곤한 일이다. 어떻게 보든 바람직하지 않은 일인 셈이다. 만약 조용한 성향의 사람이라면 그냥 그런 성향대로 조용한 하루를 보내도 된다. 필요한 것은 많은 사람을 만나 당신이 어떤 사람인지 알려주는 것이다.

가장 이상적인 것이 그룹 활동이다. 합창단 또는 사회단체 등에서 활동하거나, 어떤 관심사든 좋아하는 일과 관련된 그룹에서 활동하자. 만약 우표 수집처럼 혼자 할 수 있는 취미에 빠져 있다면, 최소한 그 취미를 주제로 모이는 클럽이나 컨벤션 등에 참여하도록 노력해보자. 또 파티도 좋다. 파티를 열거나 집회에 참석해보자. 퍼레이드가 있다면 그 일원이 되어보자. 건강한 삶을 위해 운동을 하고 있다면 혼자 하지 말고 함께 운동할 수 있는 모임에 가보자.

꾸준히 운이 좋은 사람들은 보통 빠른 흐름 속에서 발견된다. 나는 운이 좋은 사람 중에 은둔자 또는 세상을 등진 것처럼 행동하는 사람을 본 적이 없다.

3장

───────

세 번째 법칙

·

영리하게 위험을
감수하라

───────

인생에서 확실한 패배자가 되는 두 가지 방법이 있다. 하나는 어리석은 위험에 뛰어드는 것, 즉 기대하는 보상에 비해 훨씬 큰 위험을 감수하는 것이다. 그리고 다른 하나는 위험을 전혀 감수하지 않는 것이다.

운이 좋은 사람들의 특징은 이처럼 극단적인 방법을 피한다는 점이다. 그들은 위험까지 고려하여 신중하게 판단한 뒤 방향을 정한다.

어떤 사람은 이 법칙을 특히 이해하기 어렵다고 생각한다. 추상적으로는 이해했으나 일상생활에서 적용하는 데 어려움을 느낀다는 사람도 있다. 그런 어려움이 바로 불운과 보통 수준의 운

에 관한 가장 중요한 원인이 된다. 심오하면서도 중요한 세 번째
법칙은 특히 이런 점을 주의하면서서 살펴봐야 한다.

도움이 되지 않는 두 가지 극단적인 상황, 즉 어리석은 위험 상
황과 위험이 전무한 상황 중 우리 사회에서 가장 흔하게 보이는
것은 단연코 후자다. 대부분 사람은 말벌을 피하는 것만큼이나
열심히 위험 상황을 피한다. 안전과 보안을 무엇보다 중요시하
며, 그 결과 인생에서 최고로 재미있는 것들을 놓치고 만다. 또한
그 때문에 가난하게 사는 경향이 있다.

우리가 있는 장소와 시간의 전형적 산물인 커리어, 그 커리어
를 느긋하고 꾸준히 쌓아가는 사람을 한 명 떠올려보자. 그는 고
등학교나 대학교를 졸업하자마자 회사에 들어갈 것이다. 위험한
상황은 두렵기 때문에 절대 위험을 감수하려 들지 않는다. 가능
한 한 결단을 적게 내리려고 노력하며, 아무것도 새롭게 바꾸려
고 하지 않는다. 매일 아침 출근 시간에 정확히 맞춰 갈 수 있도
록 시간을 엄수해 일어나고 집을 나선다. 그리고 정확히 퇴근 시
간이 되면 집으로 돌아간다. 35년이 지나 금으로 된 만년필을 받
고 퇴직한 후로는 누구도 그의 소식을 접하지 못한다. 사실, 궁금
해하는 사람도 없다.

도대체 무엇을 위한 시간이었을까? 오로지 안전함을 위한 것이었다. 안전함, 이것이 그 사람이 얻은 것이다. 적당히 편안한 환경에서 살 수 있게 해준 월급과 빈곤하지 않은 노후를 보장하는 연금 말이다. 물론 나쁘다고 할 순 없지만, 즐거움과 개성은 어디에 있을까? 사람이 살면서 만끽할 수 있는 위대한 승리의 느낌, 그 환희는 어디로 갔을까? 그것들은 감쪽같이 자취를 감춰버리고 말았다.

우리가 받는 교육과 사회적인 훈련은 우리를 앞서 말한 사람처럼 살아가도록 부추기는 경향이 있다. 우리는 위험을 감수하는 것이 어리석은 거라고 배운다. 청교도 윤리는 도박과 투기에 눈살을 찌푸린다. 윤리는 우리에게 쉬지 않고 죽으라 일하며 살아가라고 촉구한다. 내 손에 쥐여진 것, 그것이 전부인 것처럼 이야기한다.

거북이와 토끼의 경주에 관한 오래된 이야기가 있다. 이 우화가 올바른 인생 계획을 세울 때 도움이 되는 훌륭한 진실을 알려준다는 인식 덕에 전 세계 어린이들이 열심히 읽는다. 이야기 속에서 신중한 성향의 거북이는 조심스럽게 자신에게 주어진 자금, 즉 힘을 아껴 승리한다. 하지만 정신 나간 토끼는 자신의 자본을 무모한 한바탕의 투기에 걸었고, 그 결과 경주에서 지고 말았다. 여기서 얻을 수 있는 교훈은 느긋하고 꾸준하게 나아가는 인생이 가장 좋다는 것이다. 이 방법은 지루할 순 있어도 승리로 가는 길이다. 고대부터 내려오는 가르침과 같은 맥락이다.

하지만 과연 그것이 진실일까? 현실에서는 그렇지 않다. 모든 위험을 피하는 사람은 찾아오는 행운의 가능성조차 피하게 된다. 전반적으로 볼 때 그런 사람에게는 좋은 운이 따르지 않는다. 아니면 그들 중 많은 수가 중간 수준의 운에 머물러 있다고 말하는 편이 정확할지 모르겠다. 그들에게는 좋은 운도, 그렇다고 나쁜 운도 없다. 그들의 삶은 거의 변함이 없다. 한마디로, 아무 일도 일어나지 않는다.

지금 당신은 일정 부분 그런 삶을 살아왔다고 생각해서 이 책을 읽고 있을 것이다. 영화배우가 되거나 주식시장에서 엄청난 돈을 버는 거창한 꿈을 꼭 가지고 있을 필요는 없다. 우리는 단지 살면서 어떤 사건이 일어나길 바랄 뿐이다. 재미있는 사건이 일어나길 원한다. 일상의 변화를 원한다.

하지만 위험을 감수하지 않는 한 어떤 변화도 일어나지 않을 것이다. 앞서 운에 관해 내렸던 정의를 떠올려보자. 우리 삶에 영향을 미치지만 우리가 만들어낸 것이 아닌 사건들이 바로 운이다. 이런 일들이 우리에게 일어날 가능성을 높이려면 그 사건들이 일어나도록 우리 삶에 '초대해야' 한다. 다시 말해서, 위험을 감수하라는 뜻이다. 우리는 다가올 운의 종류를 통제할 수 없다. 좋은 운일 수도 있고 좋지 않은 운일 수도 있다. 만약 불운이 다가온다면 그것에서 벗어나기 위해 시도해볼 방법들이 있다. 이 책의 뒷부분에서 그 방법들과 단계를 다룰 것이다. 지금 이해해야 할 점은 찾아온 운으로 삶을 바꾸고 싶다면, 처음에는 그 운이 행운이든 불운이든 기꺼이 받아들여야 한다는 것이다. 이는 '위험을 감수해야 한다'는 말의 또 다른 표현이기도 하다.

하지만 우리가 접해온 문화는 위험을 감수하지 말라고 끊임없이 말한다. 이 근엄한 설교는 근면함에 관한 철학을 강화하고, 지나치게 많은 사람을 위험 기피 성향으로 만드는 사회적 압력에 힘을 보탠다.

다음 상황에서 어떤 일이 발생하는지 보자. 어떤 남성 또는 여성(최근까지는 대부분 남성이 그랬다)이 인생 초기에 대단히 즐거운 어떤 투기에 빠진다. 그는 운이 좋은 편이었다. 그가 한 투기는 달콤한 열매를 맺었고, 그는 그렇게 부와 명예를 손에 넣었다. 젊은 남녀들, 높은 곳으로 오르고 싶어 하는 새 도전자들이 그에게 조언을 구한다. "어떻게 하면 저희도 당신처럼 될 수 있을까요?" 존경받는 현자는 이 질문에 어떤 식으로 대답할까? 자신이 운이 좋아서 성공했다고 진실을 말할까? 당연히 그렇지 않다. 대신 그는 현명하고 헌신적인 태도로, 또 강하고 끈질긴 마음가짐과 윤리관을 통해 성공을 일구어냈다고 말한다. 남들이 자신을 누구보다 성공적으로, 느긋하고 꾸준히 살아온 경건한 사람이라고 믿게 하려 노력한다.

그리고 이상하게도 대부분의 사람이 그 말을 믿는다. 그가 위험을 피하는 행동을 가장 타당하게 뒷받침할 이유를 제시했기 때문이다. 위험 부담이 없는 삶은 안전하고 편안해 보인다. 그리고 이는 대부분의 사람이 다른 선택을 할 특별한 이유가 없을 때 선택하는 것이기도 하다.

미국의 석유 사업가였던 존 D. 록펠러John D. Rockefeller가 이 현상의 대표적인 예다. 석유 사업에서 성공해 세계적으로 손꼽히는 부자가 됐으니 말이다. 그는 클리블랜드에서 영업사원으로 사회생활을 시작해 간신히 굶주림만 면하는 수준으로 살았다. 얼마 안 가 그는 안전이 삶의 지침이라면 자신이 지금처럼 아등바등하는 생활에서 벗어나지 못하리라는 점을 깨달았다. 그는 중하위 소득 계층으로 올라가기 위해서는 위험을 감수해야 한다는 것도 알아차렸다. 이제 그는 자신의 행동 방침을 바꿨다. 저축과 대출을 통해 소규모의 자본을 모은 다음, 다양한 상품 투기와 또 다른 모험들에 뛰어들었다. 그는 대체로 운이 좋지 않은 편이었지만 가끔은 운이 좋을 때도 있었다. 그가 가졌던 운 중 가장 훌륭한 운(록펠러의 빠른 흐름 지향에서 비롯된 결과였다)은 정유 사업이라는 새로운 사업의 전문가 새뮤얼 앤드루스Samuel Andrews를 만난 것이었다. 경험이 풍부하고 기꺼이 위험을 감수하는 모험가 록펠러에게 새로운 도박에 관한 이 아이디어는 강한 매력으로 다가왔다. 그와 앤드루스는 클리블랜드에 정유 공장을 차렸다. 둘의 행동을 무모한 도박이라고 확신했던, 좀더 냉철한 사업가들이 보내는 야유에 정면으로 맞선 일이었다. 클리블랜드의 정유 공장은 록펠러가 세운 석유 회사, 스탠더드오일Standard Oil의 핵심이었다.

그는 유례를 찾아볼 수 없는 위험마저 감수하는 사람이었다. 느긋하게 꾸준히 일하는 것이 성미에 맞지 않았던 록펠러는 위험을 감수했고, 행운을 붙잡아 자신의 삶을 바꾼 사람이었다. 하지만 그런 그가 몇억 달러를 벌고 난 뒤, 그리고 성공적인 인생을 사는 방법에 관해 만천하에 알려진 위대한 지혜의 보유자가 된 뒤 운에 관해 언급한 적이 있던가? 그가 사람들에게 위험을 감수하라고 조언했던가? 아니다. 그는 사람들에게 느긋하고 꾸준히 걸어가라고 말했다.

그는 골프장에서 캐디로 일하거나 길모퉁이에서 신문을 배달하는 어린아이를 골라내 근면과 절약, 인내심에 관해 설교하는 것으로 유명해졌다. "열심히 일하고 현명하게 소비한 다음 안전하게 투자해라. 나머지는 시간이 알아서 하게 내버려 둬"라고 록펠러는 근엄하게 말하곤 했다. 그러고는 주머니에서 꺼낸 10센트짜리 동전을 아이의 작고 지저분한 손에 쥐여주었다. "매일 한 푼씩 저축하면 부자가 될 게다!" 이렇게 재벌은 단언했다.

물론 이것은 말도 안 되는 소리다. 그 아이가 앞으로 70년을 산다고 가정하면 록펠러의 조언에 따라 평생 모은 돈은 총 2,555달러가 된다. 만약 아이가 운이 좋다면 (금리가 등락을 거듭하더라도) 복리로 돈을 불려 처음 금액의 3~4배인 1만 달러 정도는 손에 넣을 것이다. 그럼 말해보자. 소년은 제대로 돈을 번 것인가? 록펠러 자신은 그만큼의 돈을 하루 만에 벌었는데 말이다.

아이들에게 10센트를 주는 식의 이런 가식적인 행동은 사실 진부한 기업 홍보의 일부였다. 록펠러의 마케팅 전반을 담당하던 아이비 레드베터 리Ivy Ledbetter Lee가 고안한 홍보 전략이었다. 이 행동의 목적은 쉽게 돈을 번 기업 운영자 록펠러의 이미지를 개선하고, 스탠더드오일의 사업 관행에 대한 대중의 거센 비판을 누그러뜨리는 것이었다. 리는 곱지 않은 시선과 함께 종종 미움을 받는 재벌에게 항상 10센트짜리가 든 주머니를 가지고 다녀야 한다고 조언했다. 실제로 그 노신사의 수행 비서는 10센트짜리 동전을 가장 중요하게 생각하라는 지시를 받았다. 나이 든 재벌은 이제 주머니에 10센트짜리 동전을 넣지 않고는 집을 나설 수 없었다. 그는 뉴스 리포터들이 있는 곳이라면 어디든, 그 근처에서 소년들을 찾아다니며 10센트를 나눠주면서 근면한 삶의 태도에 관해 주절거렸다. 그는 자신이 거둔 놀라운 성공에 숨은 진실, 즉 자신이 운 좋은 모험가였다는 사실을 극도의 주의를 기울여 숨겨야 했다.

그리고 사람들은 이를 받아들였다. 아마 10센트짜리 동전을 받고 조언을 들은 그 어린 소년들도 마찬가지 아니었을까. 이제 그들은 노인이 됐을 나이다. 록펠러의 충고를 받아들인 사람들은 느긋하고 꾸준한 삶을 살았고, 이제는 작은 저축 통장을 자랑할 수 있게 됐다. 그들 중 부자는 거의 없다. 승리와 영광의 절정을 맛본 사람도 찾아볼 수 없다. 그들이 들은 조언은 과연 자신들이 생각한 것만큼 값진 것이었을까?

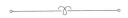

앞에서 가장 위대한 업적이 대부분 또는 일정 부분 행운에서 비롯됐다는 사실을 인정하는 것이 우리를 작아지게 한다는 이야기를 했다. "내가 똑똑해서 성공한 거야"라고 하든지, "인내심이 강하고 용기가 있어서 해낸 거지"라고 말하는 편이 훨씬 더 자존심을 세워준다. 바로 이 작아지는 것에 관한 두려움이 록펠러가 저런 행동을 한 이유 중 하나였다. 록펠러는 위험과 운에 관해 말하기를 꺼렸다.

그런데 더 중요한 이유가 있다. 적어도 마케팅 담당 아이비 리의 관점에서 봤을 때, 도박에는 매우 비청교도적인 무언가가 있기 때문이다. 록펠러가 10센트와 조언으로 소년들을 괴롭히던 당시 스탠더드오일은 기업의 도덕성과 관련해 첨예한 논쟁에 휘말렸다. 이 회사는 불법적인 가격 담합과 거래 제한 및 독점, 공무원

뇌물 수수, 기타 불미스러운 관행을 고발하는 폭로자들의 표적이 됐다. 이 중 많은 혐의에 사실 근거가 없었고, 겉으로 그럴듯해 보이는 혐의들 역시 상당히 빈약한 증거에 근거한 것이었다.

그러나 대중은 '믿고 싶다'는 이유로 그 많은 혐의를 믿었다. 사람들은 스탠더드오일을 싫어했다. 싫어하는 이유 중 일부는 그 거대한 회사의 설립자이자 최고위자였던 록펠러가 운으로 부자가 됐다는 점이었다. 그는 도박을 통해 인생에서 승리했다. 미국이라는 나라에서 이는 잘못이라고 받아들여질 수도 있다.

많은 사람, 특히 느긋하고 꾸준하게 살아가는 성향의 사람들은 성공한 도박꾼을 싫어한다. 그 이유는 위험을 감수할 배짱이 없는 자기 자신을 싫어하기 때문이다. 성공한 도박꾼은 부유함 속에서 행복을 만끽하며 온 세상의 재미를 느낀다. 살아 있는 광고판 같은 그 모습을 보노라면, 느긋하고 꾸준한 사람들도 자신이 그럴 수 있었으리라고 생각해보게 될 것이다. 여기서 느껴지는 자괴감을 떨치기 위해 도박꾼을 싫어할 이유를 찾고, 도박이 불순하다는 개념을 기른다.

스탠더드오일이 쉽게 폭로자들의 표적이 된 이유 중 하나가 이것이다. 회사의 설립자이자 최고위자는 도박꾼이고, 따라서 명백히 도덕성이 낮아 신뢰할 수 없는 사람이라는 생각이다. 아이비 리는 이 사실을 인지하고 록펠러가 도박꾼이 아니라는 것을 보여주기 위해 10센트를 나눠주는 방법을 고안해냈다. 나라고 안 될 것 없어! 성공한 그 남자도 우리 옆집 아저씨처럼 그냥 평범한 사람이잖아!

이렇게 해서 위험을 멀리하는 사고방식은 그 우월한 위치를 계속 유지한다. 심지어 가장 큰 위험을 감수하는 사람, 또 정말 운이 좋은 도박꾼들도 자신들이 전혀 그런 부류의 사람이 아니라는 것을 보여주려고 한다.

시간을 좀더 거슬러 올라와 현대의 예를 들어보겠다. 미국의 다국적 기업 IBM을 설립한 토머스 존 왓슨Thomas John Watson 이야기다. 날씬하고 큰 키에 금욕적이고 다소 재미없는 성격의 이 친구는 자신을 세계 최고의 근면 전도사로 만들었다. 그는 살아생전 자신이 위험을 감수한 것처럼 보이게 행동하거나 말하지 않았다. 운? 이 단어는 그의 입에서 절대 나오지 않았다. 그는 운처럼 너저분한 것이 자신과 관련된 일에 한자리 차지하는 것을 허용하지 않았다.

"당신의 일을 계획하고 그 계획을 실행하세요."

그는 자신을 동경하며 따라 하는, 갓 사회생활을 시작한 직원들에게 말했다. 그의 말에 따르면 '그것'이 성공으로 향하는 길이었다. 그 길에서 운은 전혀 한 일이 없었다.

왓슨이 내세운 가장 유명한 단어가 '생각하라'였다. 그 단어는 수십 개의 언어로 번역되고 액자에 담겨 전 세계 사무실과 공장에 걸려 있었다. 한때 그 팻말에 적힌 문구는 더 길고 근엄했다. 기업 관련 자료가 보존된 기록관의 한 사진에는 오래전 영업 관련 회의 모습이 담겼는데 거기 모인 근면한 직원들 뒤쪽에 '일하고 또 생각하라'라고 쓰인 팻말이 보였다. 개인적으로 왓슨은 세 가지 항목으로 구성된 구호를 마음에 들어 했다. 젊은 시절 〈비즈니스위크〉 기자였던 내가 그를 인터뷰하다가 성공하는 자세에 관해 늘 하던 질문을 던졌다. 그러자 그는 비쩍 마른 손가락을 눈앞에 대고 흔들며 근엄하게 말했다. "일하고, 생각하고, 계획하세요."

이는 또한 그의 관점에서 봤을 때 빳빳하게 풀이 매겨진 하얀 셔츠와 광이 나는 신발을 소유하는 데 도움이 됐다. 나는 그 인터뷰를 하는 동안 몸을 많이 꿈틀거렸다. 내 구겨진 신발을 그의 시선이 닿지 않는 곳에 놓기 위해서였다.

일하고, 생각하고, 계획하라. 이런 구호를 만드는 사람이라면 근면한 태도를 헌신적으로 옹호하는 사람이 되어야 한다. 내가 아는 사람 중에 토머스 존 왓슨처럼 헌신적인 옹호자도 없다.

하지만 왓슨은 도박꾼이 되어 높은 지위에 올랐다. 우리가 인생을 계획할 수 있다고 말했던 이 남자, 운에 관해 단 한 번도 언급하지 않은 이 남자는 사실 어린 시절에 무모할 만큼 위험을 감수한 적이 있다. 그리고 때마침 좋은 운이 찾아왔고, 그는 그렇게 승리했다. 하지만 그보다 앞서 비슷한 경험을 한 록펠러처럼 그 역시 젊은 기자들이 그의 지혜를 듣기 위해 찾아왔을 때 운의 역할을 철저히 부인했다.

그가 처음으로 만난 운은 그의 의욕을 꺾었다. 그는 집집마다 돌아다니며 재봉틀을 팔아 약간의 돈을 모았고, 그 돈으로 뉴욕 버펄로에서 음식점을 열었다. 하지만 더 큰 자금력을 보유했던 경쟁 가게가 우연히 그 근처에 동시에 문을 여는 바람에 왓슨의 모험은 빠르게 실패했다. 아무리 일을 하고 생각을 하고 계획을 한들, 이 암울한 결과를 바꿀 수 없었으리라는 생각이 그의 머릿속에 떠올랐을 것이다. 20대 초반이라는 어린 나이에 그는 운의 신비로움에 관해 생각하게 된 셈이다.

그다음 그는 금전등록기 회사의 영업사원으로 일했다. 시작은 순조로웠고 그는 안정된 일자리를 얻었다. 만일 원했다면 평생토록 안전한 삶을 누릴 수 있었겠지만, 그는 그러지 않았다. 그 대신 위험을 감수하기로 했다. 정신 나간 도박이었다.

그즈음 3개의 작은 사무기기 제조 업체가 전산제표기록 회사, 즉 CTR이라고 불리는 회사에 어설프게 합병된 것이다. 처음부터 손해가 예정된 것이나 마찬가지인 합병이었다. 두 회장이 회사를 견고한 조직으로 탈바꿈시키려 노력했지만 성공하지 못했다. 회사의 부채가 자산의 약 3배에 달했다. 주요 주주 대부분과 이사들은 투자한 돈에서 단 몇 푼이라도 돌려받고 빠져나가고 싶어 했지만 그들의 주식을 살 만큼 어리석은 사람을 찾아내지 못했다. 절박해진 그들은 사무기기에 관해 뭐든 지식이 있는 새 회장을 찾기 시작했다. 새로 올 사람은 도박꾼이 되어야 했다.

그들이 자신들의 인적 네트워크에서 3차 연결고리를 활용해 발견한 도박꾼이 바로 왓슨이었다. 당시 그는 마흔 살이었다. 그는 운에 의한 변화를 꾀하고 있었고, 그 목적을 이루기 위해 기꺼이 엄청난 위험을 감수했다. 이전 세기의 록펠러처럼 그는 월급만 가지고는 부자가 될 수 없다는 사실을 깨달았다. 인생에서 의미 있는 변화를 만들고 싶다면 도박에 나서야 했다.

그래서 그는 거의 죽어가는 회사 CTR에서 일하기 시작했다. 그는 급여가 일정 부분만 현금으로 지급된다는 사항에 동의했다. 나머지는 거의 가치가 없는 회사의 주식으로 받았다.

그는 운의 손길에 자신을 맡겼다. 물론 그는 온종일 일하고 생각하고 계획을 세울 수 있었지만, 회사의 운명은 그가 통제할 수 있는 범위 밖에 있었다. 다른 나약한 회사들과 마찬가지로 운이 회사의 운명을 좌우하는 상황이었다. CTR은 왓슨이 만들어낸 것이 아닌, 재정적 변화와 강력한 경쟁자의 출현 등 수천 개의 사건으로 곧 쓰러질 지경이었다. 하지만 운 좋게 그런 일은 일어나지 않았다. CTR은 끝까지 살아남아 번창했고, 마침내 이름을 IBM으로 바꾸었다.

1914년 이 모험가가 CTR에 처음 와서 일할 때, 회사의 보통주 100주를 3,000달러도 안 되는 돈으로 살 수 있었다. 1956년 왓슨이 사망할 때까지 주식 배당도 받고 액면분할도 이뤄져 그가 보유한 주식은 4,987주로 증가했다. 가치로 따지면 무려 227만 5,000달러에 달했다. 그런데도 이 남자는 운에 관해 한 번도 언급한 적이 없다.

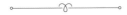

J. 폴 게티J. Paul Getty는 알고 있었다. 이 노신사는 잡지 〈플레이보이〉에 34편의 기사를 썼다. 그는 독자들에게 친구와 친척 절반이 파산하는 혹독한 세상에서 어떻게 부자가 될 수 있는지 알려주었다.

게티는 말했다. 출세하고 싶나, 젊은이? 그러면 내가 한 대로 하면 돼. 그러고는 자신이 부자가 되는 데 기여했다고 믿는 근면함의 모든 덕목을 죽 나열했다. 그는 자기 자신을 믿으라고 설교했다. 인내하고 절약하라. 바른 생각을 하고 담배를 끊어라(게티는 담배를 끊은 자신을 자랑스러워했다). 열심히 공부하라. 인생의 풍파를 비웃어라. 눈치챘겠지만, 이게 전부다.

〈플레이보이〉는 게티의 유명세도 있고 그가 회사의 일부를 소유하고 있다는 점도 고려해 이 글들을 게재했다. 그의 글이 당연히 실려야 하는 이유가 하나 더 있다. 그가 상당히 열정적이고 기품 있게 글을 썼다는 것이다. 젊은 시절 그는 한때 작가가 되고 싶어 했다. 그는 아마 세상에서 가장 학식이 높은 석유 재벌이었을 것이다.

하지만 열심히 일하고 절약하고 인내심을 발휘하기만 하면 부자가 된다는 것은 말도 안 되는 소리이고, 게티 역시 마음속 깊이 이 사실을 알고 있었다.

"정말 운이 좋았죠. 안 그런가요?" 어느 날 그에게 짐짓 짓궂은 체하며 말한 적이 있다. 그는 놀라서 "어떻게 알았어요!"라고 대꾸했다. 그러고는 덧붙였다. "음, 아마도요. 운이 좋긴 했죠. 하지만 운이 좋아서였다는 걸 누가 인정하겠어요? 운이 좋다는 내용으로 어떻게 설교를 할 수 있겠어요?"

운이 좋다고 설교까지 할 수는 없다. 하지만 게티가 어떻게 엄청난 부를 축적했는지 알고 싶다면 그와 그의 후계자들이 가장 순수하고 야생적인 형태의 운에 빚을 지고 있다는 사실을 알아야 한다.

게티는 석유를 발견하여 부를 쌓았다. 그의 첫 번째 시험 우물(지하의 석유나 천연가스를 찾으려고 파는 우물—옮긴이)은 하루에 720배럴이 저절로 뿜어져 나오는 분유정噴油井이었다(이 우물이 '맨 첫 번째'라는 것을 기억하자).

미덕은 이 일과 아무런 상관이 없다. 게티는 당시 석유를 엄청나게 진지한 마음으로 찾고 있지도 않았다. 평생을 바칠 분야로 석유 쪽을 생각한 것도 아니었고, 그냥 흥청거리고 다녔을 뿐이다. 대학생 때 글을 쓰는 직업에 관해 생각해본 후로는 외교 업무에 관심을 가졌다. 이 새로운 장래 계획은 미니애폴리스에서 변호사로 일하던 그의 아버지를 기쁘게 했다. 어린 게티는 학업을 이어가기 위해 영국으로 건너가 옥스퍼드에 입학했다. 그러고는 희미한 영국 악센트가 남은 채 미국으로 돌아와 외교 업무를 할 일자리를 찾아 취업 시장을 조사하기 시작했다. 하지만 실은 오클라호마에서 시작한 즐거운 일, 그러니까 우물 파는 일에 정신이 팔려 있었다. 결국 그는 공직으로 사회에 진출하는 것을 미루고 그 즐거운 일을 맘껏 해보기로 했다. 아버지의 얼마 안 되는 자본금을 밑천으로 그는 석유 사업을 시작했다(그는 1년 정도만 생각했다).

그가 첫 시험 우물을 판 곳은 오클라호마주에 있는 작은 마을 스톤 블러프 근처다. 콕 집어 그 땅 아래에 기름이 흐르리라고 생각한 이유는 수백만 개의 다른 곳을 팔 이유보다 그다지 설득력이 있진 않았다. 그런데 1916년 2월 초, 땅에 뚫은 구멍이 이 젊은 이의 은행 계좌로 부를 내뿜기 시작했다.

그것이 모든 것의 시작이었다. 그와 그의 아버지는 1916년 5월 게티오일컴퍼니Getty Oil Company라는 석유 회사를 설립했고, 젊은 게티는 세계 역사상 가장 부유한 사람이 됐다.

왜 그 사람이었을까? 무엇 때문에 그가 성공했을까?

절약 정신? 용기? 아니면 근면한 태도 때문일까?

우리는 더 타당한 답을 알고 있다. 바로 운이다.

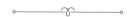

위험을 감수하는 것은 필수다. 운 좋은 사람의 삶을 살펴보면, 그가 특정 시점에 위험을 감수할 의향이 있었다는 점이 확실히 드러난다. 그런 의지 없이는 우리 삶에 흥미로운 일이 일어날 가능성은 거의 없다.

간단하고 일반적인 예로 주에서 발행하는 복권을 들어보겠다. 모두가 알다시피 그리고 복권 광고가 계속 우리에게 상기시키듯이, 우리는 일종의 내기를 하지 않으면 당첨될 수 없다.

큰돈이 필요한 건 아니다. 1달러나 2달러 정도면 주에서 발행하는 복권을 사서 게임에 참여할 수 있다. 그런데 이 정도의 작은 위험도 많은 사람에게 크게 느껴지는 것 같다. 게임에 참여하지 않은 사람들은 가장자리에 앉아 더 많은 위험을 감수한 사람들이 놀라운 상을 받는 모습을 질투 섞인 눈으로 바라본다.

뉴욕에 사는 중년 여성 룰라 아론Lula Aaron 역시 위험을 감수한 사람 중 한 명이었다. 오랜 세월 동안 그녀는 토요일이면 식료품을 산 뒤 복권을 몇 장 사는 것이 습관이었다. 그녀는 즐겨 가는 슈퍼마켓 근처 술집에 들러 기분 내키는 대로 1달러에서 3달러 정도의 위험을 감수하곤 했다. 그녀의 친구나 이웃들은 이런 행동이 어리석다고 생각했다. 그들이 생각할 때 복권을 사는 것은 돈 낭비나 마찬가지였다. 실패할 게 뻔하니까.

쉰넷의 아론은 위험을 감수하는 사람들이 으레 가지고 있는 신념을 담아 말했다. "저는 걱정하는 사람들에게 내가 '재미있어서' 내기를 하는 거라고 말했어요. 만일 당첨되지 못해도, 매주 즐거움을 느낄 수 있다는 것만으로도 돈을 쓸 가치가 있었어요. 이길 가능성을 자신에게 안겨준다는 것, 그게 재미였죠." 다른 말로 하자면 토요일에 사소한 위험을 감수하는 행동이 인생의 승자가 될 수 있는 '위치'로 그녀를 데려간 셈이다.

그녀를 비판한 사람들 역시 자신들의 선택으로 그 자리에서 물러났다. 아론에겐 이길 기회가 있는 반면, 그들에겐 패배자가 되는 길밖에 없었다.

마침내 그녀는 총액 1,000만 달러, 즉 해마다 47만 6,000달러를 21년간 지급받을 수 있는 복권에 당첨됐다. 물론 세금이 붙겠지만 그게 무슨 상관이겠는가. 토요일에 모험을 즐기던 아론 부인은 이제 부자가 됐다.

그녀를 비판하던 많은 사람이 질투를 하리라는 것은 불 보듯 뻔하다. "세상 참 불공평하지 뭐야. 특정한 사람한테만 행운이 쏠리니!" 하지만 그들이 이 이야기의 내막을 들여다봤다면, 돈을 벌지 못한 게 자신의 잘못임을 알게 됐을 것이다.

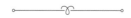

물론 모든 사람이 복권에 관심이 있는 것은 아니다. 하지만 위험을 감수해야 하는 필요성은 삶의 모든 영역으로 확장된다. 예를 들어 사랑에 빠지는 것 또한 마찬가지다. 만일 연인 관계에서 느끼는 즐거움을 경험하고 싶다면 그 관계에서 받을 수 있는 상처도 기꺼이 감수해야 한다. 스스로 상처를 입을지 모르는 감정적 헌신도 해야 한다. 이는 정확히 복권을 사는 것과 같다. 돈을 걸지 않으면 이길 수 있는 위치에 설 수 없다.

뉴저지주의 심리학자 존 케네스 우드햄John Kenneth Woodham 박사는 위험을 감수하길 꺼리는 것이 우리가 '타고난 패배자'라고 부르는, 운이 따르지 않는 사람들의 특징이라고 했다.

"모든 패배자가 이렇게 위험한 상황을 회피하는 특징이 있는 것은 아닙니다. 그런데 저는 이 특징을 운이 지지리도 따르지 않는, 삶에 지칠 대로 지친 사람들에게서 자주 발견했습니다."

그는 약 1년 전 마지막으로 본 한 환자에 관해 이야기했다. 그는 그녀를 루이스라는 가명으로 불렀다.

"루이스가 제 사무실로 들어오는 순간 저는 그녀의 문제가 뭔지, 아니면 최소한 어떤 것 때문에 문제가 있는 건지 짐작할 수 있었습니다. 그녀는 이야기를 꺼내길 두려워했어요. 조용히 걸어와 고개를 숙인 채 의자에 앉았고, 눈도 마주치지 않는 데다가 심지어 처음 몇 분 동안은 자기 이야기를 하는 것조차 망설이더군요. 몇 마디 말은 했지만, 중요한 것은 말하기 힘들어했어요. 정작 중요한 내용은 빼놓고 빙빙 돌려가며 말하는 등 치료사 앞에서도 위험을 감수하려 들지 않았습니다. 그저 자신 안에 갇혀 안전한 상태에 머물려고 했죠."

우드햄 박사는 "그녀의 인생에서 지배적인 기억 중 하나는 전에 다닌 대학 기숙사 룸메이트와 맺은 강렬하고 애증 섞인 경쟁 관계였습니다"라고 당시의 일을 회상했다.

"내가 처음 만났을 때 그녀는 벌써 30대 중반이었지만, 룸메이트와 있었던 고통스러운 일은 마치 어제 일처럼 강렬하게 남아 있었습니다. 몇 년 동안 루이스는 룸메이트와 자신을 계속 비교했는데, 그 비교에서 루이스가 항상 뒤처져 있었더군요. 룸메이트는 루이스가 원하던 삶을 살고 있었습니다. 화려하고 다채롭고 흥미로운 일들이 가득한 삶이었죠. 룸메이트는 좋은 직업을 가지고 승승장구하며 많은 남성과 뜨거운 연애도 했습니다. 루이스는 그런 그녀를 부러워하고 증오했어요. 그러면서 질투하는 자신도 증오했죠."

루이스의 삶은 룸메이트에 비해 우중충했고 따분했다. 그녀는 교외의 마을에서 어머니와 함께 살았다. 몇 년 전 룸메이트가 보스턴으로 가 아파트에서 함께 살자고 제안했는데, 루이스는 그 제안이 너무 위험하다고 생각했다. 루이스는 교외에 있는 집 근처 보험 회사에서 다소 지루하지만 안정적인 일을 했다. 그녀는 그 회사를 떠나 보스턴에서 새로운 직장을 찾고 싶지 않았다. 만약 갔는데 아무도 나를 고용하지 않으면 어쩌지? 그렇게 되면 아파트 집세는 어떻게 내? 아마 누구한테, 어떤 방법을 써서라도 돈을 빌려야 할 거야. 많은 연봉을 받는 직장을 찾는 데 1년 이상이 걸린다고 쳐. 그러면 난 어떻게 될까? 어떻게 빚에서 벗어날 수 있지?

이런 식으로 그녀는 실패할 것을 걱정해 도박을 할 수 없었다. 얼마 후 룸메이트가 작은 사업을 시작하면서 루이스에게 함께하자고 또 제안했지만, 루이스는 전과 마찬가지로 위험을 감수하는 선택을 하고 싶지 않았다.

그리고 같은 문제가 그녀의 이성 관계에도 좋지 않은 영향을 미쳤다. 만난 지 얼마 안 되는 타인에 관해 100% 확신한다는 건 절대 불가능하다. 그렇기에 우리는 새로운 만남이 시작될 때마다 상대와의 관계를 운에 맡겨야 하는 상황에 부딪힌다. 때로는 큰 내기일 수도 있고, 때로는 작은 내기일 수도 있다. 조금 전 이야기에서의 루이스는 작은 내기조차 절대 해보려고 하지 않았다.

우드햄 박사는 루이스를 만난 남성들이 그녀가 불필요할 정도로 상대를 의심하거나 긴장하고, 반응을 잘 보이지 않는다는 점을 눈치챘으리라고 추측했다. 이런 면을 지니고 있다면 보통 남성들이 토요일 밤을 함께 보내고 싶어 하는 여성은 아닐 것이다.

루이스의 룸메이트가 복권 당첨자 룰라 아론처럼 어마어마한 행운을 손에 쥔 것은 아니다. 하지만 룸메이트는 이길 수 있는 위치까지 자신을 끌어올려 놓았고 그 자리에서 원하던 성과를 거두었다. 그녀는 성공한 기업체의 운영자가 되어 대단하지는 않지만 평범한 부를 쌓았고, 원한다면 마음대로 여행을 떠날 수 있는 자유를 획득했다. 그리고 사랑하는 남성과 결혼했다. 반면 루이스는 외로움과 지루함이 가득한 삶에 갇혀 있다.

루이스가 지닌 문제 중 하나는 삶의 중요한 상황에서 위험 대비 보상 비율을 가늠하는 능력이 부족하다는 점이다. 아니면 아예 그녀는 그런 평가를 할 필요성을 이해하지 못했을 수도 있다. 그녀에게는 모든 위험이 똑같이 벅차게 느껴졌다.

하지만 이는 운의 세계에서 자신을 좋지 않은 위치로 끌고 가는 지름길이다. 위험 대비 보상 비율에 관해 연구하는 것은 꼭 필요하다. 주어진 위험이 작고 잠재적인 보상이 클 때, 우리는 위험을 감수하고 인생의 승자가 되기 위해 움직일 수 있다.

위험이 크긴 하지만, 부담이 '적을' 수도 있다. 간단한 예를 들자면 복권을 구입하는 일이 그렇다. 당신은 1달러를 턱 하니 내놓았다. 실패할 가능성이 매우 크다. 아마 당신은 그 돈을 잃을 것이다. 하지만 1달러는 정말 적은 금액이고 그에 비해 잠재적인 보상인 상금은 몇백만 또는 몇천만 달러에 달한다. 이럴 때 우리는 자신이 감수하는 위험을 정당화할 수 있다. 룰라 아론의 말처럼, 스스로 느끼는 재미를 기준으로 정당화할 수도 있다.

이번에는 확률 면에서 '작은' 위험의 예로 은행에 돈을 넣어두는 상황을 생각해보자. 예상되는 보상은 은행이 우리에게 줄 것으로 기대되는 이자이며, 반대로 위험은 우리가 맡긴 돈을 찾지 못한 채 은행이 파산하는 상황이다. 은행이 파산하면 연방예금보험공사 FDIC가 배상을 해주긴 할 것이다. 하지만 배상 절차가 오래 걸리고, 그 기간에는 이자도 주지 않는다. 만일 세계적인 경제 붕괴 상황에서 많은 은행이 한꺼번에 망한다면 FDIC에도 배상해줄 자금이 부족해질 것이다. 이런 대참사가 벌어지면 예금을 몽땅 날릴 수도 있다.

하지만 이 불행한 결과가 일어날 가능성은 아주 작다. 이런 상황은 복권 구입과는 정반대다. 우리가 원하는 보상, 즉 은행 이자가 적고 위험 상황이 발생할 확률 역시 낮다. 따라서 큰 금액의 돈, 즉 평생 모은 저축액에 관해 이야기한다고 해도 우리는 여전히 위험이 '작다'고 생각할 수 있다.

물론 모든 상황이 명확한 것은 아니다. 사실 그렇게 명확한 상황은 거의 없다. 인생은 여러 선택이 서로 영향을 주며 뒤죽박죽 섞여 안개가 낀 듯 흐릿하기 마련이다. 이런 혼란과 모호함 속에서도 위험-보상 비율을 가늠할 수 있는 것이 행운의 일관된 특징 중 하나다.

루이스는 이런 능력이 부족해 모든 위험을 비슷한 수준으로 보는 것일지도 모른다. 만약 취할 수 있는 어떤 행동이 '어느 정도'의 위험을 수반한다면 루이스는 그 행동을 하지 않을 것이다.

따라서 루이스와 같은 위험 기피자는 위험 가능성이 매우 작은 도박마저 피하게 된다. 예를 들어 루이스는 다니던 안전한 직장을 그만두고 보스턴에서 일자리를 새로 구하길 거부했다. 이 경우에 잠재적인 보상은 컸다. 더 좋은 직업, 더 많은 연봉, 더 많은 즐거움, 그리고 도시 환경에서 즐길 수 있는 새로운 재미 등 다양하고 매력적인 큰 보상 꾸러미가 있었다. 하지만 위험이 수반됐고 그 위험은 루이스를 겁먹게 했다.

하지만 정말 그럴 정도의 위험이 있었을까? 사실 루이스가 생각한 것처럼 위험이 크진 않았다. 최악의 결과는 그녀가 몇 달 동안 실업자 신세가 되는 것이었다. 그럴 경우 저축한 돈을 다 쓴 다음에는 생활비를 빌려야 했을 것이다. 하지만 이는 재앙이 아니라 불편함일 뿐이다. 그렇다고 그녀가 지구상에서 사라질 일은 아니니 말이다. 미국에는 채무자를 가두는 감옥이 없다. 그녀의 운이 아무리 바닥을 쳤더라도 굶어 죽지는 않았을 것이다. 게다가 설령 이렇게 운이 바닥을 치는 시기가 찾아온대도 이는 단 몇 주만 지속할 가능성이 꽤 크다. 좋은 일솜씨를 가진 유능한 젊은 여성인 그녀를 고용주가 그렇게 오래 나 몰라라 하진 않을 것이기 때문이다.

루이스는 도박을 할 만한 가치가 있었다. 그랬다면 인생에서의 큰 승리로 이어질 수도 있었을 것이다.

한편 정반대의 실수를 저지르는 사람들도 있다. 바로 작은 이익을 위해 큰 위험을 감수하는 이들이다. 이런 부류의 사람들은 루이스 같은 유형보다 훨씬 더 다양하기에 결과적으로 우리는 이들에 관해 더 많은 소식을 듣는다. 뉴스거리가 되지 않는 루이스의 따분한 회색빛 삶은 아무 사건도 일으키지 못하는, 많은 지루한 소설들에 영감을 주는 정도가 고작이다. 하지만 큰 위험을 감수하는 사람들이 줄 위를 걸으며 고층 빌딩을 넘나드는 행위는 다분히 뉴스거리가 된다. 또 흥미를 끄는 소설 주제가 되기도 한다. 세계 최고의 희곡 작품과 소설, 영화 중 다수가 몬테카를로 Monte Carlo(도박장으로 유명한 모나코의 도시—옮긴이)나 월스트리트, 전쟁, 포커와 사랑을 소재로 한다.

그러나 현실에서 이 흥미롭고 다채로운 성향의 사람들은 위험을 피하는 사람들만큼 흔하지 않다. 무모한 도박꾼들이 있다면 그들 한 명당 루이스 같은 유형의 사람은 적어도 열 명씩 존재한다.

또 무모한 사람들은 다른 사람들에게 훨씬 덜 이해받기 쉬운데, 이는 우리가 왜 그들을 매력적으로 생각하는지 설명하는 데 도움이 될 것이다. 위험을 기피하는 사람의 동기를 추측하기 위해 정신과 의사가 될 필요는 없다. 이른바 위험기피증후군은 과거에 화상을 입었거나 사랑하는 사람이 그런 상황에 처한 것을 본 탓에 다칠지 모른다고 느끼는 과도한 두려움에서 비롯된다. 보통은 그렇게 단순하다. 하지만 그렇다면, 무엇이 그 누군가를 승산 없는 내기에 전 재산을 걸 만큼 강박적인 도박꾼으로 만들었을까? 정상에 서는 보상을 얻으려 험난한 산을 오르게끔 그 사람의 마음속에 타오른 그 이상한 불길의 정체는 무엇일까?

아무도 답을 알지 못한다. 정신분석가를 비롯해 답을 안다는 사람들이 있긴 하지만, 사실 그들도 모른다. 확실히 말할 수 있는 것은, 누군가가 술이나 마약을 갈망하는 것과 마찬가지로 어떤 사람은 위험을 갈망한다는 점이다. 이 위험광들은 보통 루이스가 그랬던 것보다 더 극적으로 패배한다.

그런 사람의 예가 바로 존 F. 케네디John F. Kennedy 미 전 대통령의 형인 조 케네디Joe Kennedy다. 그는 그야말로 강박적인 모험가였다. 그는 항상 말도 안 될 만큼 무모한 일에 뛰어들었다. 예를 들면 금방 익사해버릴 것 같은, 얼음처럼 차갑고 물결이 거친 강을 건너는 것을 즐겼다. 오직 자신만이 해냈다고 말할 수 있는, 그 보상을 위해서였다. 그는 주식시장에서 희박한 성공 확률을 지닌 기업의 주식에 많은 지분을 투자하는 위험을 감수하다가 많은 돈을 잃기도 했다. 그의 운은 곧 바닥날 것이 거의 확실했고, 실제로도 그랬다. 스물아홉 살이 된 그는 제2차 세계대전 중 독일 로켓 시설을 향한 거의 자살에 가까운 폭격 임무에 자원했다. 그는 임무에 성공할 확률이 반밖에 되지 않는다고 친구에게 말했는데, 결국 임무를 마치고 돌아오지 못했다.

무엇이 사람들을 그런 무시무시한 위험 속으로 이끌까? 정신분석학자들은 '죽음에 대한 동경'에 관해 여러 추측을 하려 애써왔지만, 그렇게 이상한 동기가 왜 존재하는지 설득력 있게 증명하지 못했다. 아마 극소수의 정말 특이한 사람들 말고는 그런 동기를 가지고 있지 않을 것이다. 이런 특성이 사람들 사이에서 흔히 보이는 것은 아니니 말이다. 분석가들은 흔하지 않은 죽음에 대한 동경을, 지고 싶어 하는 듯한 강박적인 도박꾼들의 이유로 돌리지 않는다. 심리학자 프로이트의 이론Freudian theory에서 도박꾼은 어떤 실제적이거나 상상 속의 죄악과 실패에 대한 처벌을 원하기 때문에 패하고 싶어 할 수도 있다. 어린 시절 저지른 것으로 추정되는, 보통 환상에 사로잡힌 성지향적인sex-oriented 죄악이 이에 해당한다.

하지만 내 생각은 이렇다. 운을 연구하면서 월스트리트를 오가고 카지노 주변을 돌아다녔던 오랜 시간에 걸쳐 나는 도박을 하면서 지고 싶어 하는 사람은 한 명도 본 적이 없다. 그런 사람이 과연 있긴 하는지 의문이다.

항상 확률에 큰돈을 걸고 지는 병적인 위험광들을 포함하여 모든 도박꾼은 이기고 싶어 한다. 그들은 모두 승리하길 원한다. 더 강박적인 사람들, 즉 매일 긴 시간 도박을 하는 사람들과 만성적인 패배자들은 어쩌다 이기기라도 하면 기뻐서 거의 미칠 지경이 된다. 그들은 춤추고 노래하며 낯선 사람들을 껴안거나 술집에 들어가 가게 매상을 올려주겠다며 술을 사재낀다. 이는 남몰래 지고 싶어 했던 사람의 행동이 아니다.

그런 위험광들을 진정 위험으로 몰아가는 것처럼 보이는 것은 지려는 욕구가 아니라 오히려 그 반대, 즉 큰 승리를 경험하고 싶다는 갈망이다. 그 때문에 블랙잭이나 주식 투기에 어마어마한 돈을 건다. 모험을 즐기는 이들에게 그리 대단하지 않은 성공들은 성에 차지 않는다. 그들은 마치 소량의 약물을 주입해 중독되고 내성이 생겨 이제는 더 많은 복용량이 아니면 즐거움을 느낄 수 없게 된 헤로인 중독자와도 같다.

존스홉킨스대학교에서 진행된 한 연구가 이런 결론을 뒷받침한다. 이 대학에서 강박적인 도박 환자들을 상담하는 일을 하는 센터 직원들은 환자들 사이에서 '지고 싶어 하는 마음' 따위는 찾아볼 수 없었다고 입을 모은다. 또한 직원들은 특정한 성격 유형이 이 문제에 특히 취약하다는 점은 발견하지 못했다고도 전했다. 그러나 연구 프로젝트 매니저 샌드라 리비Sandra Leavey는 많은 환자의 삶에 '공통된 맥락'이 있다고 말했다.

다음과 같은 두 가지 공통된 맥락은 살펴볼 가치가 있다. 첫째, 위험을 긍정적인 경험으로 받아들인다. 어쩌면 그 환자는 어렸을 적 아버지와 함께 경마장에 갔거나 가장 좋아하는 이모가 라스베이거스에서 있었던 일을 즐겁게 이야기하는 것을 들었을 것이다. 그리고 두 번째로, 그 위험광은 자신이 한 초기 도박이나 투기에서 큰 이익을 거두었을 것이다. 그래서 도박에 관한 지나친 욕구가 생겨났을 수 있다.

첫 번째의 경우 미래의 위험광은 동경하는 이모의 영향을 받아 도박이 한번 해볼 만한 좋은 활동이라고 여기게 된다. 이는 대부분 우리가 어릴 때 접하는 도박에 대한 청교도적 반감과 남의 돈 1,000냥이 내 돈 한 푼만 못하다는 속담과는 정반대로, 초보 위험광들이 죄책감과 불확실성을 안지 않고 대박, 즉 거액의 상금을 '누릴 수 있게' 하는 발판이 된다. 그리고 커다란 승리 상황이 발생하면 어린 모험가는 순수한 도박꾼으로서 100만 볼트짜리 기쁨을 느끼고 평생 그것에 빠져들게 된다.

지나친 위험에 완벽히 빠져 있는 사람은 아마 책을 읽거나 강의를 듣는 것만으로는 바뀌지 않을 것이다. 강박적인 도박꾼들과 투기꾼들은 (남들의 말을 들을 필요도 없이) 자신들의 행동이 자기 파괴적이라는 것을 안다. 일반적으로 그렇게 중독된 사람에게는 도박 중독자 모임Gamblers Anonymous 같은 단체에서 제공하는 특별한 지원이 필요하다. 단체 관계자들은 위험광의 문제를 철저하고 세밀하게 파악하고 있으며, 그들을 도울 최고의 장비와 시스템도 갖추고 있다.

하지만 통계적으로 볼 때 행운이 잘 따르지 않는다고 느낀다면, 이는 너무 많은 위험을 감수하는 것보다 너무 적은 위험을 감수하는 방향으로 기울어 있을 가능성이 훨씬 크다. 우리가 해야 할 일은 영리하게 위험을 감수하는 요령을 배우는 것이다.

지금부터 위험을 찾아보자. 그리고 작은 위험부터 감수해보자. 예를 들면 앞서 언급했듯이 복권을 사는 것이다. 엄청난 보상을 기대하면서 적은 액수로 베팅해볼 수 있다.

만일 당신이 사는 주에서 복권을 발행한다면 가끔 몇 달러씩 내기를 해보자. 아니면 복권을 발행하는 이웃 주에 방문했을 때 해봐도 좋다. 집 근처나 사무실 근처에 자동차 경주장이나 스크린 경마장이 있다면 들어가 보자. 심심하면 동네 교회에서 빙고 게임도 해보자. 기회가 있다면 슬롯머신에서 25센트짜리 게임을 해보는 것도 좋다. 경품응모권이 있다면 그것도 사보자. 위험을 감수해야 한다는 생각에 익숙해지고, 자신이 신중하게 위험을 감수하는 사람이라는 점을 편안히 받아들이는 데 좋은 연습이 될 것이기에 추천한다.

삶에서 몇 가지 위험을 감수하자. 루이스만이 아니라 대부분의 평범한 사람들에게도 아주 흔한, 모든 위험을 자동으로 회피하는 습관에서 빠져나오자. 위험을 감수하고 정말 그 위험이 자신의 생각만큼 큰지 잘 판단해보자. 만약 정말 큰 위험이라면, 그리고 기대되는 보상이 적다면 위험을 감수하지 않아도 된다. 하지만 위험은 작고 잠재적인 보상이 크다면, 이를 악물고 도전을 하자.

위험을 가늠하는 이런 식의 행동은 모든 상황에서 중요하게 작용한다. 예컨대 연애만 하더라도 다른 사람으로부터 기회를 붙잡아야 시작할 수 있다. 우정도 그렇고, 비즈니스도 마찬가지다. 그저 위험 부담이 없는 상황만 고집한다면, 루이스처럼 마냥 기다리는 운명에 처할 것이다.

일단 위험에 익숙해졌다면, 그다음에는 위험의 양을 늘려보자. 모든 돈을 은행에 보관하지 말고, 주식에도 투자해보자. 유망한 친구의 새로운 사업에도 투자해보자. 전 재산으로 도박을 할 필요는 없다. 도박 중독자 모임 회원들에게는 치명적인 매력이겠지만, 우리가 가야 할 길은 아니다. 위험의 양을 점차 늘리면서 위험에 대한 두려움을 이겨내는 것이 핵심이다.

성공을 어떻게 정의하든, 위험은 모든 성공적인 삶에 필요한 요소다. 위험은 우리를 승리할 수 있는 위치로 데려다준다.

4장

네 번째 법칙

·

운의 흐름을
잘라내라

'운을 과시하지 말라'라는 고대 격언이 있다. 오직 운이 좋은 사람만이 이 문장의 진짜 의미를 이해할 수 있다.

운이 나쁜 사람은 종종 거친 방법으로 이 교훈을 얻는데, 그러면서도 잘 따르지 않는다. 이 교훈을 계속해서 어기는 것이 운이 좋지 않은 사람들의 특징이기도 하다.

예를 들어 몇 년 전 월스트리트에서 많은 돈을 벌 뻔했던 불운한 커플이 있다. 미국 금융 회사 메릴린치Merrill Lynch의 영업 담당 임원이 해준 이야기를 소개하고자 한다. 네 번째 법칙에 서툴게 대처한 전형적인 이야기로, 어쩌면 남 얘기 같지 않을지도 모르겠다.

40대 부부는 오랫동안 주식시장에 투자해왔지만 늘 실망스러운 결과를 얻었다. 몇 년 전 부인이 아버지로부터 약 10만 달러를 상속받았다. 그녀와 남편은 돈이 불어나길 바라며 또 주식에 투자하기로 했다. 세 번째 법칙을 준수한 부부는 기꺼이 위험을 감수할 준비가 되어 있었다. 하지만 다른 법칙들을 세 번째 법칙만큼 잘 알지 못했다는 점이 좋지 않았다. 그들은 투자금 10만 달러에서 약 반을 잃었다.

그러다가 1970년대 후반 들어 그들에게 행운이 시작됐다. 부부는 TV 관련 사업 쪽에서 일했는데, 어느 날 부인이 방송사 경영진 둘이 숨죽여 나누는 은밀한 대화를 우연히 엿들었다. 〈더 데이팅 게임The Dating Game〉과 〈더 공 쇼The Gong Show〉 등 여러 유명한 퀴즈 쇼의 프로듀서로 알려진 척 배리스Chuck Barris에 관한 대화였다. 배리스가 설립한 작은 회사 척배리스프로덕션은 1970년대 초에 주식시장에 상장됐는데, 크게 주목받는 종목은 아니었다. 주가는 1978년 이전 5년 동안 대부분 시기에 걸쳐 25센트 전후를 왔다 갔다 했고, 최고가는 87.5센트였다.

두 경영진의 대화에서 핵심은 척배리스프로덕션에 흥미로운 변화가 일어나고 있다는 것이었다. 그 변화들은 지금껏 소수의, 입을 굳게 다문 몇몇에게만 알려져 있었다. 이 말은 곧 연예 공연 업계에 널리 퍼질 예정이고, 그러면 그 회사 주식의 시세가 급등할 수 있다는 얘기다.

부인은 남편에게 이 정보를 알려주기 위해 집으로 달려갔다. 며칠 동안 그들은 조심스럽게 상황을 확인했다. 부인이 들은 정보는 정말 특종인 것 같았다. 소문에는 배리스가 세운 작은 회사가 흔치 않은 황금기를 누리고 있어서 야심 차게 확장을 계획하고 있다고 했다.

부부는 담당 중개인을 찾아갔다. 중개인이 척배리스프로덕션의 종목 코드인 BCHK를 데스크톱 컴퓨터 단말기에 입력했는데, 주가가 지난 한 달 동안 2배 이상 올랐다는 사실을 알고 깜짝 놀랐다. 지금은 2달러를 호가하고 있었다. 부부는 흥분하기 시작했다. 그 모습을 보면서 중개인은 그들에게 최근 알게 된 비밀 정보로 주식을 사지 말라고 경고했다. 하지만 부부는 그에게 연락하기 전 신중하게 들은 이야기, 즉 정보를 확인했기 때문에 충분히 조심스러웠다고 생각했다. 그들은 일생에 단 한 번뿐인 진정한 행운의 기회가 자신들을 찾아왔다고 믿었다.

몇 주 동안 그들은 약 2만 5,000달러를 투자했다. 그들에게 남은 투자 금액의 절반 정도로, 도박을 하기에는 큰 금액처럼 보였다. 사실 그들의 행동은 강박적인 도박꾼이 하는 과도한 모험에 가까웠다. 하지만 부부는 너무 오랫동안 주식으로 손실만 봤기 때문에 이번 기회에 꼭 큰돈을 벌게 되리라고 생각했다.

알고 보니 상황은 그들이 절실히 바랐던 것보다 훨씬 더 좋았다. 순전히 운이 좋았던 그들은 짧은 시간 동안 회사가 손대면 무엇이든 금으로 변하는 드문 상황에 우연히 빠지게 됐다. 승승장구하는 척배리스프로덕션은 누구도 막을 수 없을 것 같았다. 회사가 하는 모든 도전이 성공했고, 안 될 것 같은 프로젝트에서도 성과를 냈다. 하늘에서 돈이 쏟아져 내렸다.

당연히 주가도 급등했다. 주당 2달러가 조금 넘는 가격에 산 주식이 1년도 채 안 되어 9달러로 뛰어오르는 것을 부부는 환희에 찬 눈으로 지켜봤다. 몇 달 사이에 돈을 4배로 불린 셈이다.

"파세요!" 담당 중개인이 재촉했다.

그가 옳았다. 그들은 주식을 팔았어야 했다. 대부분 운 좋은 사람들이 본능적으로 깨닫거나 경험을 통해 배우듯, 행운의 질주는 항상 자신이 원하던 것보다 더 일찍 끝난다. 가끔은 길게 이어지기도 하지만 그런 일은 아주 드물다. 질주가 언제 막을 내릴지 미리 알 수 없기 때문에 경기 초반에 우세를 이어가는 것만이 합리적인 방법이라고 할 수 있다. '항상' 운의 지속 시간이 짧을 것이라고 가정해야 한다. 절대 그대로 정상까지 달려가려 하지 말자. 자신의 운을 '과신해서는' 안 된다.

그러나 부부는 자신들의 신념을 버릴 수 없었다. 그들은 탐욕에 사로잡혀 있었다. "이 주식이 한 번 4배로 뛰었으니까 여기서 또 4배로 뛸 수도 있겠죠?"

그들의 말이 틀린 건 아니다. 그런 일이 '일어날 수도' 있다. 하지만 가능성은 반반이다. 긴 질주에 돈을 거는 것은 언제나 실수를 부른다. 사실 대부분의 운 좋은 사람들은 주당 9달러가 되기 훨씬 전에 주식을 팔았을 것이다. 예를 들어 2달러에 샀다면 4달러에 팔았을 테고, 6달러로 오른 지점에서는 분명히 더 많은 사람이 팔았을 것이다. 몇 달 안에 돈을 2배, 3배로 버는 것은 자신이 지닌 운 덕분임이 틀림없다.

주식이 9달러까지 오르리라는 것은 나중에서야 밝혀졌지만 그 결과를 '기대'하거나 바라는 건 불합리한 일이다. 가장 좋은 접근은 우리가 짧은 질주를 하고 있고, 그 질주가 4달러나 6달러 지점에서 끝난다고 가정하는 것이다.

하지만 욕심 많은 부부는 보유한 주식을 팔지 않겠다고 고집했다. 그다음엔 어떻게 됐을까? 1년 안에 주식은 다시 4달러로 곤두박질쳤다. 그들은 회사의 명운이 다시 땅을 치고 회복세를 타길 바라며 버티고 또 버텼다. 하지만 그런 상황은 일어나지 않았다. 기나긴 하락에 지친 부부는 결국 주당 75센트에 팔고 말았다. 그들은 다시 한번 패배자 신세가 됐다.

주어진 행운의 질주가 짧다고 가정하라. 이는 사실 '항상' 그럴 것이다. 평균의 법칙은 너무나도 어김없이 적용된다.

이를 설명하는 가장 간단한 방법은 동전을 던질 때 확률을 추정하는 것이다. 만약 동전을 1,024번 던진다면 아홉 번 연속 앞면이 나오는 긴 질주가 일어날 가능성이 있다. 하지만 이는 네 번 연속 앞면이 나오는 짧은 질주가 서른두 번 있다는 뜻도 된다.

내기를 한다면 어떤 식으로 걸어야 할까? 물론 짧은 질주에 거는 편이 좋다.

동전을 던지고, 그 결과에 대해 약간의 돈을 걸 수 있다고 가정해보자. 우리는 동전 앞면에 돈을 걸었다. 그리고 행운의 질주가 시작됐다. 앞면이 네 번 연속으로 나왔고, 우리는 약간의 상금을 받았다. 이제 어떻게 하겠는가?

당신은 아홉 번 연속으로 앞면이 나오는 긴 질주의 시작이길 바라는가? 그래서 큰 승리를 기원하며 돈을 걸려고 시동을 거는 중인가? 하지만 바로 그것이 패배자의 전형적인 사고방식이다. 아니면 대부분의 질주가 그렇듯 눈앞의 질주가 이제 끝났다고 보는가? 그래서 내기에 건 돈을 회수해 주머니에 넣을 생각인가? 이것이 바로 행운이 반응하는 방식이다.

항상 질주를 짧게 끊어라. 물론 이 행동을 후회하게 될 때도 있다. 우리를 빼놓고 질주가 계속되면 배에 남은 나머지 행복한 사람들을 부러운 마음으로 바라보게 될 테니 말이다. 하지만 통계적으로 봤을 때 이런 암울한 결과는 그리 자주 일어나지 않는다. 일찍 그 자리를 정리하고 떠난 것에 감사할 상황이 훨씬 더 많다는 이야기다. 사람들은 우리가 그만두면 어리둥절해하거나 다시 배에 타라며 재촉할 것이다. "아직 끝나지 않았어! 네가 놓치고 있는 이 재미난 상황 좀 봐!" 하지만 머지않아 배는 가라앉는다.

진정한 행운은 분석에 들어가기 전까지는 뭔가 특이해 보여도 실은 종종 비관적인 특성으로 나타난다. 하지만 완전히 비관적이지는 않다. 그냥 질주가 끊길 뿐이다. 이것이야말로 예측하기 힘들고 통제할 수 없는 사건의 세계에 접근하는 이상적인 방식이다.

여기서 한 가지 문제는 높은 곳에서 펼쳐진 긴 행운의 질주가 화젯거리가 되고 사람들 사이에서 회자된다는 점이다. 경마장에 가서 그저 그런 하루를 보냈다면 그날의 기억은 금방 잊힌다. 하지만 만일 경마장의 모든 말이 주머니를 두둑하게 불려준 끝내주는 하루를 보냈다면, 틀림없이 오랫동안 이날의 이야기를 주야장천 늘어놓을 것이다.

우리는 흔하고 작은 승리보다 큰 승리에 관해 확실히 더 많은 이야기를 듣는다. 그 때문에 큰 승리가 실제보다 더 쉽게 이뤄진다고 착각하기도 한다. 우리는 생각한다. '만약 이 모든 얘기가 사실이라면, 날 위해 준비된 큰 승리도 있지 않을까?'

그렇게 운을 과신하고, 너무 오래 질주하다가 결국은 가라앉고 만다.

카지노들은 항상 커다란 승리와 길게 이어지는 행운의 질주를 홍보하며 열을 올린다. 그들은 이 달콤한 이야기들이 다음과 같은 두 가지 역할을 해낸다는 점을 안다. 첫 번째는 새로운 고객을 끌어들이는 것이고, 두 번째는 새 고객들이 운의 질주에 오래오래 남아 있도록 유혹하는 것이다. 예를 들어 적색과 흑색 무늬 테이블에서 하는 카드 도박의 일종 '루주 에 누아르rouge ou noir'를 살펴보자. 질주가 이어질 수학적 확률은 동전 던지기의 경우와 정확히 일치한다. 매일 밤 카지노에서 짧은 시간 동안 연속으로 세 번, 네 번이라는 운의 질주가 수백 번 일어난다. 모든 카지노가 이런 사실을 대수롭지 않게 넘긴다. 그런데 만일 열 번이나 열다섯 번 연속 행운의 질주가 일어나는 드문 일이 발생한다면, 그 카지노의 홍보실은 반드시 이 소식만은 널리 알리고자 애쓸 것이다.

예를 들어 적색이 스물여덟 번 연속으로 나오는 어마어마한 질주도 일어날 수 있다. 이런 이야기가 사실이 아닐지는 몰라도 절대 상상도 할 수 없는 이야기는 아니다. 환상적으로 긴 질주들은 '실제로' 일어난다. 하지만 명심하자. 이런 경우는 극히 드물다. 이 질주를 기다리겠다고 고집하면 도박 자본에 관한 부담이 과도하게 커질 것이다. 바라던 긴 질주가 일어나기도 전에 파산할지도 모른다.

확률의 법칙에 따르면 스물여덟 번 연속이라는 사건을 발생시키기 위해서는 룰렛 휠을 2억 6,800만 번 정도나 돌려야 한다. 만일 스물여덟 번 연속이라는 현상을 보겠다고 고집 피운다면 많은 돈이 물거품이 되어 사라지는 모습을 두 눈으로 지켜봐야 할 것이다.

물론 그런 질주와 승리에 돈을 걸어 우승하는 꿈을 꾸는 것은 나쁘지 않다. 단돈 10달러 내기부터 시작해서 돈을 차곡차곡 불려나가 스핀이나 휠을 돌릴 때마다 그 금액을 2배씩 늘린다면, 스물여덟 번의 성공적인 행진을 마쳤을 때 15억 달러에 육박하는 돈을 벌게 될 것이다. 이는 현존하는 카지노의 순자산보다 훨씬 더 많다. 앞서도 말했다시피, 카지노는 베팅 허용 규모를 조절하는 방식으로 이런 결과를 방지한다. 그러면서도 마치 이런 일이 일어날 수도 있다는 듯 재미로 가득 찬 환상을 조장한다.

이 상황에서 스물아홉 번째 쿠데타를 기대하며 그 돈을 적색무늬 테이블에 몽땅 올려놓는다면, 최초의 10달러를 포함해 15억 달러 전부를 잃게 될 것이다.

행운의 질주가 가진 문제점은 이 질주가 얼마나 오래갈지 알 수 없다는 점이다. 질주가 시작되면 그것이 긴 질주로 이어질지 아니면 다음 쿠데타로 끝나버릴지 미리 알 수가 없다. '알 수 있는' 한 가지는 짧은 질주가 긴 질주보다 훨씬 더 흔하다는 점이다. 질주 행렬에 합류하되 탐욕을 부리지 않게 조심하고, 그곳에서 일찍 벗어나는 편이 현명하다.

또 질주가 나를 빼놓고 계속될까 봐 조마조마할 필요도 없다.

물론 가끔은 그렇게 될 수도 있고, 그럴 때 남아 있는 몇몇은 매우 큰 이득을 보게 된다. 하지만 모든 가능성을 비추어봤을 때 그들은 돌아서는 즉시 그 수익을 뱉어낼 것이다. 왜냐하면 그들은 계속되는 행운을 즐길 수 있는 부류의 사람들이 아니기 때문이다. 꾸준한 행운의 주인공들은 질주를 빨리 끊어내는 사람들이다.

월스트리트 주변에서 듣는 가장 오래되고 잘못된 조언 중 하나는 '손실은 짧게, 수익은 길게'라는 말이다. '손실은 짧게'라는 부분은 잘못된 것이 없다(다섯 번째 법칙에서 다룬다). 하지만 이 문장의 후반부, 즉 '수익은 길게'라는 부분은 불운으로 가는 지름길일 수도 있다.

루즈 에 누아르를 즐기면서 수익금을 길게 가져가다가 엉뚱한 색이 나오면 순식간에 모든 것을 잃게 된다. 행운의 질주는 주식이나 부동산, 그리고 우리를 유혹하는 그 밖의 투기를 할 때 비교적 갑작스레 끝나진 않는다. 레버리지를 많이 썼다면, 즉 많은 돈을 빌려 투기에 나섰다면 갑작스레 바닥으로 치달을 수도 있다. 그러나 대부분의 경우처럼 평범하게 자신이 가진 돈으로 투기를 하는 거라면 주식이나 금의 가격이 하락한다고 해서 곧바로 빈털터리가 되는 건 아니다. 그저 하락폭 정도의 돈만 잃는다.

이 점을 염두에 둔다면 '수익은 길게'라는 옛말은 받아들일 만한 조언으로 들리기도 한다. 그런데 과연 그럴까? A라는 회사가 있다고 해보자. 작은 장식품 등을 만드는 회사인데 우리가 거래

하는 중개인은 이 회사의 상품이 앞으로 12개월 동안 잘 팔릴 것이라고 믿고 있다. 그는 자기 의견을 뒷받침하기 위해 우리에게 산더미 같은 경제 분석 자료를 보여준다. 우리는 운을 믿고 A사의 주식을 주당 10달러에 사들이기로 한다.

순전히 운이 좋아 중개인과 그가 믿은 경제 분석가들의 분석대로 상황이 흘러간다. 주가가 15달러까지 치솟는다. 우리는 행운의 질주에 합류했다. 이제 어떻게 해야 할까?

"수익은 길게 두세요"라고 사무실 맞은편에 앉은 동료가 엄숙하게 충고한다. 이 만성적인 패배자는 계속 불운이 닥친 나머지 금요일 밤 포커 게임에서조차 용돈을 탕진해버린 인물이다. 그는 주식 투자로 얻은 수익이랄 게 전혀 없었고 수익을 길게 둔다는 것이 무슨 뜻인지 진정으로 이해하지 못했다. 하지만 그동안 들어왔던 모든 진부한 말을 머릿속에 떠올리며 적절히 사무적인 어조로 이 말을 한 것이다.

그래서 당신은 생각한다. '좋아, 난 이 충고를 받아들여서 끝까지 가볼 거야. 이대로 성공의 정점까지 질주해야지! 그러다가 상승세가 지지부진해지면 벌어들인 수익을 들고 빠져나오면 그만이잖아.'

제법 논리적으로 들린다. 특히 충고해준 건너편 자리 사람에게는 그렇게 들릴 것이다. 하지만 이는 우리 생각일 뿐이다. 실제로 그렇게 하는 사람은 없다. 그만큼 그런 상황이 일어나기 어렵다는 뜻이다. 대다수의 사람에게 이런 상황은 흔하지 않기에 이에 관한 효율성은 따질 수 없다.

오랫동안 긴 행운의 질주와 계약을 맺고 나면 다른 어떤 것도 통하지 않는 심리 상태에 빠진다. 또 다른 긴 질주를 기다리며 자신을 스스로 가두는 것이다. 하지만 오매불망 기다리는 긴 질주는 십중팔구 다시 오지 않는다.

월스트리트에서 꾸준히 돈을 버는 사람은 극히 드물다. 내가 관찰한 바에 따르면, 다음과 같은 이유가 가장 크다. 초보자들은 시장에 들어와 수익을 길게 두라는 어리석은 조언을 들으며 그대로 실행한다. 하지만 결국에는 의기소침해지거나 지쳐 낙담하며 상황을 종료한다. 종국에는 은행 예금이나 시중 금리 수준의 이자를 주는 투자신탁 등에 돈을 넣게 되는데, 이는 앞서 살펴봤던 것처럼 행운을 얻는 방법이 아니다. 패배로 가는 길은 보통 약간의 승리, 또는 기분이 좋아지는 꽤 큰 규모의 승리에서부터 시작된다.

우리는 A사 주식을 주당 10달러에 어느 정도 샀다. 그 주식은 15달러로 껑충 뛰는가 싶더니 자그마치 20달러로 치솟는다. 돈이 금세 2배로 불었다!

지금이 게임에서 빠져야 하는 때인데, 우리는 수익을 길게 두는 데 중점을 두고 일을 진행한다. 행운의 긴 질주를 목표로 하는 것이다. 30달러까지도 올라갈 것 같다며 희망을 품는다. '내 돈을

3배로 불리는 거야!'

불행히도, 그 회사는 풍랑을 만나 휘청거리고 주가 역시 15달러까지 되돌아온다. 이때 우리는 이렇게 생각한다. '설마 이것보다 더 바닥을 치겠어? 이제 와서 위험을 감수할 수 없다며 주식을 팔아버리는 건 실수야. 조만간 4배로 만들 수도 있는데 말이지. 여기서 그만두면 아쉬워서 나중에 땅을 칠 거야!'

하지만 내 돈이 4배로 늘기는커녕 주가가 10달러로 내려간다. 이제 우리는 속은 듯한 기분이 들어 화가 난다. '지금 내려놓으면 다 망치는 거야. 이 주식은 나한테 빚을 졌어! 원하는 걸 얻을 때까지 버텨야지!'

하지만 주가는 계속 하락해 5달러가 된다.

이것이 패배자가 탄생하는 과정이다. 최고의 행운아였던 미국의 투자자 버나드 바루크Bernard Baruch는 1928년 어마어마한 호황장 한복판에서 보유한 모든 주식을 팔아치우며 질주를 끊어냈다. 이미 많은 돈을 벌었고 질주를 계속할 합당한 이유를 찾지 못해서다. 하지만 대부분 투기꾼은 더 많은 것을 원했다. 1929년 대공황은 그런 이들의 바람을 모두 물거품으로 만들었다.

눈에 띄게 행운이 따른 사람들이 보통 그러듯이, 말년의 바루크도 한 가지 질문을 받았다. "성공한 비결이 무엇인가요?"

그가 대답했다. "욕심을 부리지 않는 겁니다."

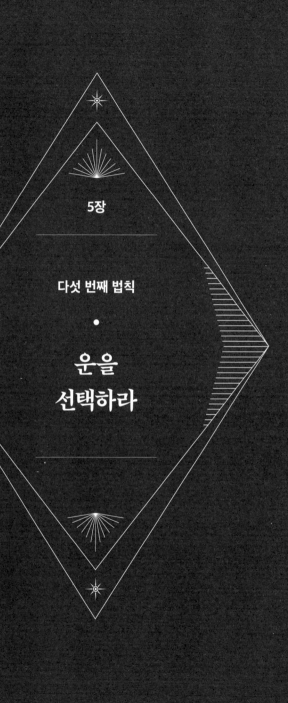

5장

다섯 번째 법칙

•

운을
선택하라

월스트리트에서 사람들은 너도나도 '손실을 줄여라'라고 말한다. 비록 몇몇 소수만이 실천하거나 꾸준히 지킬 수 있는 말이지만 여전히 유용한 조언임은 틀림없다. 이 조언은 주식시장만이 아니라 투자와 관련된 모든 곳에 적용된다.

플로런스 그레이엄Florence Graham은 엘리자베스 아덴Elizabeth Arden이라는 사업상의 이름으로 더 잘 잘 알려진 화장품 기업의 창업자다. 그런 그녀도 30대 초반에는 인생이 전부 끝나버린 것 같다고 느꼈다. 뉴욕의 한 미용실에서 미용사로 일했는데, 시간이 흘러도 보수는 박했고 승진 가망성도 별로 없었다. 그녀는 일을 그만두고 다른 것을 시도하고 싶었다. 친구들은 그런 그녀를 만류

했다. "그 일에 투자를 많이 했잖아. 왜 지금 와서 포기하려고 해? 왜 가진 걸 잃어버리려고 해? 좀 기다려봐. 시간이 지나면 만족할 만한 성과가 나타날 거야."

그녀는 월스트리트의 투자자가 주가 하락을 마주한 것과 같은 갈림길에 직면했다. 언제가 될지 알 수 없는 미래에 행운이 찾아오길 바라며 마냥 기다려야 할까? 아니면 당장 손실을 줄이고, 지금까지의 투자도 포기하고, 다른 곳에서 더 나은 운을 찾기 위해 지금 상황에서 벗어나야 할까? 고민 끝에 그녀는 손실을 줄이기로 했다.

그녀는 직장을 그만두고 화장품 회사를 세웠다. 그리고 얼마 지나지 않아 백만장자가 됐다.

운이 좋은 사람들은 좋은 운을 붙잡는 재주가 있고, 이것이 그들에게 행운을 가져다주는 주요 원인 중 하나다. 그런데 이 요령은 습득하기가 쉽지 않다. 월스트리트의 사람들이나 앞서 사무실 맞은편에 앉아 있던 사람처럼 불운의 수렁에 빠져 살아가는 많은 이들이 똑같은 말을 한다. 그 요령이 익히기 쉬웠다면 지금보다 훨씬 더 많은 사람이 행운을 자기 것으로 만들었을 것이다. 분명 쉬운 일은 아니다. 당신을 놀릴 생각은 없다. 하지만 좋은 운이 따르게 하려면 반드시 익혀야 한다는 것만은 틀림없다.

투자와 일, 연애 같은 영역에서 하나의 상황에 새롭게 뛰어들면 앞으로 흐름이 어떻게 변할지 알 수 없다. 아무리 신중하게 계획을 세워도 그 계획이 운이라고 부르는 예측 불가능하고 통제할 수 없는 사건들에 어떤 영향을 받을지 알 수 없기 때문이다. 운이 좋다면 기쁘게 모험을 즐기면 된다. 하지만 운이 좋지 않다면 어떻게 해야 할까? 끝을 모르고 바닥을 치는 주식시장과 맞닥뜨렸을 때 어떻게 하면 좋을까? 겉으로는 무한한 가능성이 보였던 그 새로운 일자리가 격변하는 업계 상황 때문에 순식간에 사라진다면 나는 어떻게 되는 걸까? 갑자기 사랑의 라이벌이 출현하면 우리의 연애는 틀어지고 마는 걸까?

이런 문제를 접했을 때 운이 좋은 사람은 잠시 기다리면서 문제가 해결될지 아니면 사라질지를 지켜본 뒤, 나온 답이 '아니다'일 경우 상황에서 벗어나는 식으로 반응한다. 손실을 짧게 끊는 것, 이것이 운 좋은 사람들이 습관적으로 하는 행동이다. 다른 말로 하자면 그들은 자신이 지닐 운을 선택하는 능력이 있다. 불운에 부딪히면 그들은 상황에서 벗어나 또 다른 모험에서 더 나은 행운을 찾는다.

이와는 대조적으로 운이 없는 사람들은 항상 또는 평생 좋지 않은 관계에 얽매이고 돈을 벌 모험의 기회를 놓친다. 보통 그들은 운명이 유독 자신에게 가혹했다며 불평하지만, 그건 보통 큰 문제가 되지 않는다. 나쁜 패를 받아들이지 않는 것도 이 문제에서 핵심은 아니다. 운이 좋은 사람들과 비교했을 때 가장 큰 차이점은 운을 고르는 요령이 없다는 점이다. 나쁜 패를 차마 버리지 못하는 그들은 불운이 더 나쁜 운으로 변하는 동안 그저 제자리를 맴돌며 고통을 겪는다.

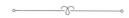

대부분의 사람에게 운을 선택하는 일이 어려운 이유 중 한 가지는 바로 투자의 일부를 포기해야 하기 때문이다. 여기서 투자는 시간이나 약속, 사랑, 돈 또는 그 밖의 형태일 수 있다. 그게 무엇이든 나쁜 패를 버리려면 이 중 일부를 포기해야 한다.

주식을 100달러에 샀는데 가격이 90달러로 떨어졌다고 가정해보자. 하락세가 상승세로 바뀔 거라는 예상에 설득력 있는 근거가 뒷받침되지 않는다면 즉시 매도해 손실을 끊어야 한다. 그렇게 해야 회수한 돈으로 다른 종목에 투자해 더 나은 운을 만날 수 있다. 문제는 이렇게 불운을 버리려면 원래 투자한 100달러 중 일부를 포기해야 한다는 것이다. 즉 여기서 매도한다면 10달러를 포기해야 한다.

이것이 너무 어려워 하지 못하는 사람도 있다. 그 불운한 투자자는 혼자 중얼거린다. "상황이 보이는 것만큼 나쁘지 않아! 가격은 다시 오를 거야!" 그러면서 계속 버틴다. 그런데 가격이 다시 80달러로 떨어진다. 이제 그는 힘들게 두 번째 도박을 해야 한다. 만약 이전에 10달러를 포기했다면 20달러를 포기해야 하는 지금의 상황도 일어나지 않았을 것이다. 그는 불운의 늪에 빠져 있다. 다른 곳에서 더 나은 운을 찾는 대신 몇 년 동안이나 돈을 가두는 상황을 선택한 셈이다.

스탠리 블록Stanley Block과 새뮤얼 코렌티Samuel Correnti는 정신과 의사로, '천성적인 패배자born loser'를 연구했고 그 결과를 《정신, 섹스 그리고 주식Psyche, Sex and Stocks》이라는 책에 실었다. 그들은 기존에 한 투자의 일부를 포기하지 못하는 것이 패배자에게 두드러지는 특징 중 하나라고 설명했다. 소유한 것 중 일부를 포기하는 것은 모두에게 괴로운 일이지만, 천성적인 패배자들은 이에 대해 더 깊이 고민한다.

고민이 깊을수록 고통은 극심해진다. 이 고통을 극복하지 않는 한 그는 패배자로 남게 되며, 투자의 세계에서만 패배자로 남는 것도 아니다. 예를 들어 이런 부류는 포커 게임에서도 속절없이 패한다. 이 게임에서 운이 좋으려면 나쁜 패를 쥐었을 때 '버려야' 한다. 이는 자기 돈 일부를 그곳에 남겨두고 떠나는 걸 의미한다. 뼈아프지만 반드시 해야 한다. 그러지 않으면 빈털터리가 될 수도 있기 때문이다. 그런데도 패배자는 차마 그렇게 하지 못한다. 대신 이 불운한 플레이어는 다른 능숙한 플레이어의 손에 놀아나고 딜러에게 동정을 받는다.

이런 패배자는 본질적으로 같은 이유로 쓸쓸한 연애에 휘말리기 쉽다. "저는 이 관계에 저 자신을 너무 많이 헌신했습니다. 정말 열심이었거든요. 그랬던 그 모든 시간과 에너지, 그리고 제 마음을 어떻게 그냥 포기할 수 있겠어요?"

종종 불운 때문에 타격을 입어 직업적 상황에 갇힌 패배자들도 있다. 경영 컨설턴트이자 채용 담당자 에릭 워첼은 사람들이 가끔 아주 사소한 걱정에 사로잡힌다는 점을 알게 됐다.

"예를 들면 연금 같은 거죠." 워첼이 말했다. "한번은 어떤 여성에게 커리어와 관련하여 잘하면 멋진 시작이 될 기회를 제안한 적이 있습니다. 그 기회가 그녀의 인생을 바꿀 수도 있었어요. 하지만 그녀는 현재 위치에서 움직이려 하지 않았어요. 관심이 없었습니다. 이렇게 말하더군요. '아뇨, 그럴 순 없어요. 제가 이 일에 투자한 게 벌써 몇 년인데요. 조금만 더 버티면 연금을 받을 수 있다고요.' 연금 액수도 크지 않았는데, 그걸 버릴 수 없었기에 모처럼 찾아온 일생일대의 기회를 놓치고 만 겁니다."

워첼은 그녀가 끝내 자신의 커리어를 성장시키지 못했다고 전했다. 불운이 더 좋지 않은 운으로 바뀌어 간 것이다. 그녀의 좌절은 일에도 영향을 미쳤고, 그녀는 점점 더 부주의하게 일했다. 그래서 결국 해고당하고 말았다. 그녀는 자신의 불운을 씁쓸해했지만, 사실 그건 그녀 자신이 버릴 수도 있었던 운이다.

운을 선택하기가 어려운 또 다른 이유는 '내가 틀렸다'라는 뼈 아픈 고백을 해야 하는 경우가 많기 때문이다.

월스트리트로 돌아가서 간단한 예를 하나 들어보겠다. 100달 러에 산 주식이 90달러로 하락했다고 가정하자. 분명 그 주식을 매수한 건 실수였지만, 절대 우리가 바보라서 저지른 실수는 아 니다. 누구도 미래를 내다볼 수 없다. 우리가 신뢰하는 중개인에 게도 불가능한 일이며 대통령의 경제 고문들도, 다섯 살짜리 조 카도 결코 할 수 없는 일이다. 나중에 가격이 내려갈 주식을 사는 것은 어리석어서가 아니라 단지 불운이 작용했기 때문이다. 하지 만 이는 '실수'이기도 하다. 손실을 줄이려면 이 실수를 나 자신 뿐 아니라 중개인과 배우자 그리고 다른 사람들 앞에서도 인정해 야 한다.

어떤 사람들에게는 이 행위가 투자를 포기하는 것보다 훨씬 더 어렵다. 잘못을 인정하지 않고 변명을 만들어내는 게 보통 패 배자가 보이는 반응이다. "이 주식을 산 건 잘한 일이야. 시간이 지나면 그때 그러길 잘했다고 생각할걸? 주가는 다시 올라. 결국 마지막엔 내가 똑똑했단 걸 알게 되겠지."

살면서 이런 어려움을 몇 번씩은 겪어봤을 것이다. 이에 관한 사소한 예를 하나 소개한다. 낯선 목적지에 가기 위해 가족들과

차를 타고 출발했다고 해보자. 한참을 가다 보니 갈림길이 나왔다. 만일 명확한 방향이 없다면 길을 무작위로 선택하게 될 것이다. 어쨌든 한쪽을 선택해 그 길을 쭉 따라 달린다. 그런데 어느 순간, 길을 잘못 선택했다는 것이 분명해지기 시작한다. 이럴 때 어느 시점에서 잘못을 인정하는가?

어떤 사람은 실수를 빨리 인정하고 시간을 더 허비하기 전에 그 결정을 철회한다. 하지만 또 어떤 사람은 혹시 모른다면서 몇 킬로미터를 계속해서 더 간다. 실수를 인정하고 불운을 버리는 게 상처가 되기 때문이다. 운전대를 잡고 겪는 이런 상황에서는 남성들이 여성들보다 더 많은 어려움을 겪는 것 같다. 여성 잡지들은 남성의 이런 별난 점을 다룬 만화를 즐겨 싣기도 한다. 하지만 또 다른 삶의 분야에서는 여성들이 실수를 인정하고 나쁜 상황에서 벗어나는 데 큰 어려움을 겪는다.

일테면 불륜 같은 상황이 그렇다. 수 세기 동안 소설가들은 불륜에서 벗어나야 하지만 그러지 못하는 여성들을 자주 다뤘다. 실제 우리 인생에서와 마찬가지로 소설 속 주인공들이 빠져나오기 힘든 함정을 스스로 파는 이유는 "내가 틀렸어"라고 말할 수 없기 때문이다. 프랑스의 소설가 구스타브 플로베르Gustave Flaubert가 쓴《보바리 부인Madame Bovary》에서 엠마 보바리는 얻을 것 하나 없는 레온과의 관계에서 물러나야 한다는 걸 알면서도 그렇게 할 수 없었다. 그녀의 불운은 더 나쁜 운으로 바뀌었고, 결국 음독자

살로 삶을 마감한다. 러시아의 소설가 레프 톨스토이Lev Tolstoy의 《안나 카레니나Anna Karenina》의 주인공도 브론스키 백작과의 불륜에서 비슷한 불운을 겪는다. 그리고 그녀 역시 달려오는 기차에 몸을 던짐으로써 불운의 긴 사슬을 끊어낸다.

물론 잘못된 연애에서 벗어나는 일이 고속도로에서 방향을 바꾸는 것만큼 쉽다는 건 아니다. 운을 선택하는 데에도 난이도가 있다. 잘못된 경로 선택을 바로잡기 위해 방향을 바꾸는 것은 대부분 사람에게 비교적 쉽다. 하지만 잘못된 투자를 되돌리는 건 이보다 더 어렵다. 실망만 안겨주는 직업을 그만두는 일은 더더욱 어려울 것이다. 미래가 보이지 않는 연애 관계에서 물러나는 것은 재빨리 손을 떼 더 이상의 손실을 막는 모든 종류의 행위 중 가장 힘들고 복잡하다.

하지만 행운을 붙잡고 싶다면 반드시 연습해야 하는 기술이다. 미래를 내다볼 수 없기에, 주어진 상황에서 자신에게 어떤 운이 존재하는지 아는 유일한 방법은 그 상황에 들어가 무슨 일이 일어나는지 똑똑히 지켜보는 것이다. 하지만 이 책에서 소개하는 다섯 번째 법칙을 활용한다면 운이 나쁘다고 판명될 때 기꺼이 버릴 준비가 되어 있을 것이다.

앞서 잠깐 비관주의에 관해 언급했다. 정의하기 어려운 이 심리 상태를 다시 한번 살펴보자. 이토록 어려운 다섯 번째 법칙을 이해하려 할 때 비관주의와 관련된 몇몇 문제가 당신을 괴롭혔을 수도 있기 때문이다.

네 번째 법칙을 소개하면서 운 좋은 사람들이 종종 운의 질주와 사슬을 다룰 때 비관적으로 행동하는 것처럼 보인다는 점을 강조했다. 그들은 긴 질주가 아닌 짧은 질주만을 기대한다. 그들은 질주가 절정에 달하기 전에 습관적으로 빠져나온다.

운을 선택하는 데에도 비슷한 비관주의가 개입된다. 낙천주의자는 100달러에 산 주식이 90달러로 떨어져도 동요하지 않거나 최소한 아무렇지 않은 척한다. 그는 유쾌하게 말한다. "아, 상관없어! 다시 오르겠지, 뭐. 결국 다 잘될 거야!" 그런데 비슷한 상황에서 비관주의자는 중개인에게 전화를 걸어 매도할 가능성이 크다.

역설적이게도 비관주의자의 이런 행동이 행운을 선택하는 길일 수 있다. 가격이 10~15% 정도 떨어지면 습관적으로 손을 떼는 비관주의자는 자잘한 손실로도 고통을 느끼곤 한다. 하지만 그에게는 낙천주의자에 비해 두 가지 큰 장점이 있다. 첫째는 절대 큰 사고에 휘말리지 않는다는 것이고, 둘째는 장기 침체 상황에서 자신의 돈을 절대 투자하지 않는다는 것이다.

주식, 상품, 통화 등의 영역에서 가격이 10~15% 하락하면 자동으로 매도되게 하는 프로그램을 활용하는 거래자들이 많다. 물론 프로그램 매매를 활용하지 않고 직접 주문을 내는 거래자들도 많다. 어떤 방법이 자신에게 유용한지는 각자 성향에 달렸다. 어쨌든 이런 방식은 시장 가격이 정확히 매겨지는 투자 대상에 대해서만 효과가 있으며, 인생과 운이 관련된 많은 분야에서는 수치화가 불가능하다. 직업의 가치를 어떻게 매길 수 있을까? 연애는 또 어떨까? 그것의 '가격'이 10% 떨어졌을 때를 어떻게 알아차릴 수 있을까?

당연히 알아차릴 수 없다. 하지만 그 조짐이 언제 생기기 시작했는지는 알 수 있다. 그리고 그 일이 일어났을 때 행운의 투기꾼에게 유용한, 건전한 비관주의를 이용할 수 있다.

지금은 여태껏 말해온 '비관주의'에 동참하는 편이 좋겠다. 여기에서 비관주의는 만성적 우울, 시무룩한 얼굴, 그리고 나쁜 일만 일어날 거라고 생각하는 습관을 가리키는 게 아니다. 오히려 행운을 특징짓는 비관주의의 종류는 상당히 쾌활하다고 할 수 있다. 앞서도 언급했듯 '비관주의'는 딱 들어맞는 단어가 아닐지도 모른다. 어쩌면 '현실주의'가 더 적합할 수도 있다. 다섯 번째 법칙에 적용하도록 최대한 정확히 정의하자면, 비관주의는 '근거 없는 낙관론을 피하는 습관'이다.

근거 없는 낙관주의는 위험하다. 월스트리트에서는 특히 더 그렇다. 근거 없는 낙관주의는 기대할 만한 뚜렷한 이유가 없는데도 일이 잘 풀리길 기대하는 습관이나 경향일 뿐이다.

행운의 접근법은 근거를 찾자고 주장한다. 현재 하는 일에서 의욕이 시들해진 상태라고 가정해보자. 처음 입사할 때의 약속들이 지켜지지 않거나, 존경하던 멘토가 일찍 은퇴했거나, 사장의 조카가 낙하산을 타고 내려와 상사가 되었을 수도 있다. 그야말로 불운이 닥쳐온 것이다. 이 일자리의 '가격'은 하락하고 말았다. 그렇다면 어떻게 행동할 것인가?

불운한 낙천주의자는 공허한 희망에 매달린다. "잘되겠지, 뭐! 일단 시간을 두고 보자. 점차 나아질 거야. 어쩌면 지금 상황이 나쁘지 않은 걸지도 몰라. 모든 게 눈에 보이는 것만큼 나쁘지는 않아!"

반면 운이 좋은 현실주의자라면 같은 상황이라도 다른 시선으로 바라본다. 그럼으로써 상황이 눈앞에 보이는 것만큼 나쁘다는 것을 깨달을 것이다. 사실 상황은 종종 생각보다 더 나쁘기 마련이다. 자신에게 '낙관적으로 봐야겠지만, 대신 근거가 있어야 한다'라고 되새긴 다음, 상황을 잘 살펴봐야 한다. 그 문제들이 사라질 가능성이 있는가? 아니면 상황을 개선해나갈 현실적인 희망이 있는가? 만약 그렇다면 상황에 머물러라. 하지만 그렇지 않을 때는 자리를 박차고 나와야 한다. 그리고 다른 곳에서 더 나은 운을 찾는 편이 현명하다.

이 다섯 번째 법칙은 의심할 여지 없이 익히기 가장 어려운 기술에 속하며, 누군가에게는 분명 가장 어려운 기술이다. 많은 사

람에게 자연스럽게 느껴지지 않는 일종의 비관론, 즉 감상적이지 않은 현실주의를 요구하기 때문이다. 게다가 훗날 돌이켜봤을 때 이 법칙을 적용하지 않았더라면 더 좋았을 상황이 존재한다는 점도 있다.

100달러에 산 주식이 85달러까지 내려갔다고 가정하자. 비관주의자는 주식을 매도한다. 그런데 얼마 안 가 가격이 200달러까지 치솟는다. 쓸쓸한 상황이 아닐 수 없다.

또 발전 가능성이 좀처럼 보이지 않는 직장을 그만뒀다고 치자. 그 후 예상치 못한 사건이 터져 회사 상황이 급변한다. 그리고 내가 박차고 나온 자리에 들어간 사람이 믿기 힘든 높은 직급으로 승진해 연봉이 오른다. 이것도 쓸쓸하기는 마찬가지다.

아니면 포커를 한다고 해보자. 패배자가 될 가능성이 크기에 손실을 줄이기 위해 판을 접기로 한다. 그리고 다음 카드가 뒤집히는 것을 보며, 만약 게임에 그대로 참가하고 있었다면 행운의 카드를 집어 들었을 상황을 머릿속에 그리게 된다. 정말 가슴 아픈 상황 아닌가?

하지만 이런 실망스러운 결과는 그리 자주 일어나지 않는다. 잘못되기 시작하는 시점에서 잘못된 상황이 그대로 유지되거나, 그보다 더 잘못되는 경우가 훨씬 많다. 상황이 나빠질 때, 더 나아질 것 같은 특별한 이유가 없다면 손실을 줄이고 가는 편이 항상 옳다. 훗날 돌이켜봤을 때 그 판단이 잘못됐다고 밝혀져도 당시 우리는 옳았다.

운이 좋은 사람들은 어떤 결정이 잘못되리라는 사실을 알고 살아간다. 그들이 지닌, 위험을 받아들이는 일반적인 습관 중 하나다. 버나드 바루크는 "당신은 들어간다는 위험을 감수하고 나간다는 위험 또한 감수해야 합니다"라고 말한 적이 있다. "만약 100%의 확실성을 고집한다면 그 자리에서 전혀 움직일 수 없을 겁니다." 아주 운이 좋은 남자의 말이니 새겨듣자.

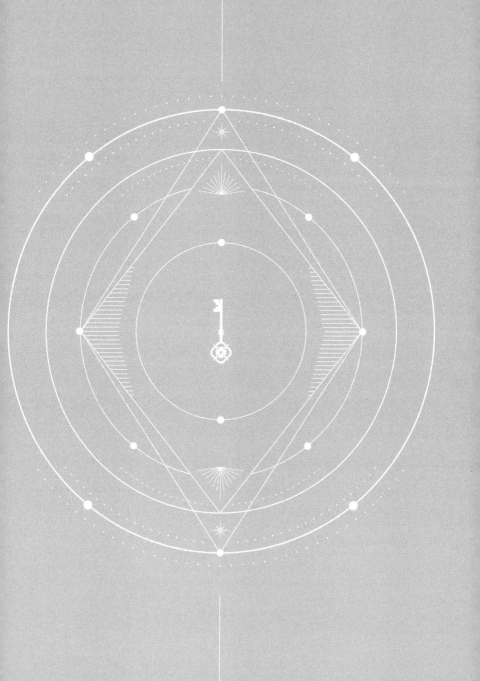

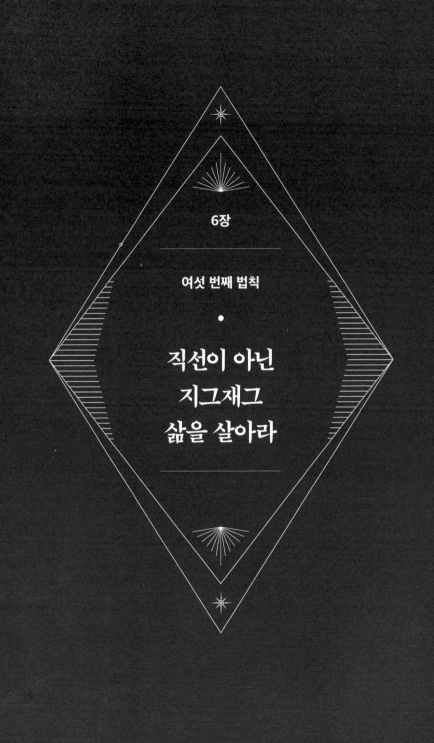

6장

여섯 번째 법칙

·

직선이 아닌
지그재그
삶을 살아라

목표를 세웠다면 그 목표를 향해 곧장 달려가야 한다는 것이 근면한 태도의 근본적인 가정이다. 우리는 목표에 시선을 고정하고 왼쪽이나 오른쪽 어디에도 한눈팔지 말고 집중하라는 조언을 듣는다. 그리고 이것만이 성공으로 가는 확실한 방법이라 여긴다.

하지만 당황스러운 사실이 있다. 대체로 운이 좋은 사람들은 목표를 향해 곧장 나아가는 노력가가 아닌 것으로 나타난다. 그들은 스스로 산만해도 좋다고 생각할 뿐 아니라 살아가면서 산만한 상황을 일부러 만들기도 한다. 그들의 삶은 직선이 아니라 지그재그다.

심리학적으로 말하는 목표 지향은 적당한 수준에서 수용해야 좋다. 그리고 행운아들의 삶을 살펴보면 지나치게 목표를 추구하지 않도록 조심해야 할 것 같다.

예를 들어 영국의 소프라노 가수 메리 가든Mary Garden을 보자. 그녀는 바이올린 수업을 받으며 음악 인생을 시작했다. 그러다가 악기를 피아노로 바꿨고, 돌연 노래 레슨을 받는 데 흥미를 붙였다. 어느 날 그녀는 파리에서 열리는 오페라를 보러 갔다. 그녀의 손에는 113번이 적힌 티켓이 들려 있었다. 공연 첫날인 그날 우연히 한 출연 배우가 병으로 쓰러졌는데, 때마침 메리가 객석에 앉아 있었다. 메리 가든은 자리를 대신 채워달라는 요청을 받았고, 그렇게 새로운 스타가 탄생했다.

훗날 그녀는 성공한 사람들과 종종 연결 지어지는 목표 지향에 관해 말했다. "저는 제가 하고 싶은 것에서 절대로 시선을 떼지 않았습니다." 자서전에서 그녀가 쓴 문장이다. 하지만 실제로는 그러지 않았다. 만약 그녀가 지그재그로 움직이며 살지 않았다면 바이올리니스트가 되겠다는 목표에 시선을 고정하지 않았을까? 자신도 인정했지만, 사실 그녀는 그렇게 실력이 뛰어난 바이올리니스트는 아니었던 것 같다.

미국의 기업인 할렌 샌더스Harlan Sanders의 경우도 살펴보자. 그는 큰 기회를 찾기 전에는 전 세계를 종횡무진 누볐다. 7학년(한국의 중학교 1학년에 해당한다—옮긴이) 때 학교를 중퇴하고 여러 변변치 않은 일자리를 전전했다. 시내 전차 요금 수납원, 페리보트 조종사, 보험 판매원으로 생계를 이었으며 요식업에 종사하기도 했다. 그러다가 정말 맛있는 프라이드치킨 조리법과 대량 생산법을 우연히 알게 됐다. 그렇게 켄터키 프라이드치킨KFC이 탄생했고, 순식간에 수백만 달러짜리 사업이 됐다.

미국의 또 다른 기업인 레이 크록Ray Kroc도 마찬가지다. 그도 성공을 위해 이리저리 뛰어다녔다. 고등학교를 중퇴한 그는 음악계에서 커리어를 쌓는 것이 목표였다. 그는 몇몇 순회 밴드에서 피아노를 연주했다. 그러다가 목표를 바꿔 부동산 거래를 중개하며 돈을 좀 벌었다. 음악이 또다시 그의 시선을 붙잡아 마음을 산만하게 하자, 라디오 방송국에서 음악 감독으로 한참을 일했다. 그러다가 또 새로운 기회에 정신을 빼앗겼다. 그는 종이컵을 팔며 길거리로 나섰다. 방황하는 그의 눈에 또 다른 목표가 나타났다. 이번 목표는 자기 사업을 하는 거였다. 그는 밀크셰이크를 섞는 멀티믹서의 판매 및 제조사 대표로 자리를 잡았다.

그렇게 지그재그로 움직인 끝에, 마침내 레이 크록은 대박을 터뜨렸다. 어느 날 캘리포니아의 한 작은 레스토랑에 들렀다가, 놀랍게도 다른 가게보다 훨씬 많은 8개의 멀티믹서가 설치되어 있다는 것을 알게 됐다. 그 식당은 확실히 장사가 잘되는 곳이었다. 크록은 그 레스토랑이 손님을 끄는 가장 큰 매력이 무엇인지 살펴봤다. 유독 맛있었던 오래된 미국인의 주식, 햄버거와 감자튀김이 그 이유였다. 레스토랑의 이름은 맥도날드였다.

크록은 돈 벌 기회를 놓치지 않았다. 그는 레스토랑 소유자이자 운영자였던 두 형제와 빠르게 파트너십을 맺었다. 크록의 경영 아래 몇 년도 되지 않아 맥도날드라는 이름은 미국 전역에, 그리고 나아가 전 세계에 퍼졌다.

크록 역시 노년기에 접어들었을 때 목표 지향에 관한 이야기를 했다. 예비 프랜차이즈 사업자들이 패스트푸드 사업 관련 세미나 때문에 모인, 이른바 '햄버거대학'에서 크록은 목표에서 눈을 떼면 안 된다며 엄숙한 어조로 근면성을 강조했다.

이런 그의 연설은 또 다른 지그재그 삶을 산 IBM의 설립자 톰 왓슨의 연설처럼 묘하게 들렸다. 왓슨 역시 회사가 운영하는 학교에서 학생들을 호되게 꾸짖곤 했다. 왓슨과 크록이 각각 다른 제품에 관해 이야기하고 있다는 점을 제외하면 그들의 연설은 서로 바꾸어 들어도 상관없을 정도다. 둘 다 불도저처럼 눈앞의 장애물을 짓밟고, 절대 방향을 틀지 말고 그저 일직선으로 인생을 헤쳐나가야 한다고 힘주어 말했다.

크록이 그런 말을 한 이유 중 일부는 연설을 듣는 학생들이 맥도날드를 제외한 곳에서 목표를 향해 돌진하길 원하지 않았기 때문이다. 어쨌든 그는 목표를 고정하는 것이 성공으로 가는 길이라고 진심으로 믿는 것 같았다. 메리 가든처럼 그는 자신이 젊은 시절 고정된 목표만을 향하지 '않았던' 것이 큰 행운이라는 점을 잊은 듯 보였다.

만약 메리 가든과 레이 크록이 목표를 향해 곧장 나아가는 이들이었다면 그 둘은 동네 음악가 모임 같은 데서 만났을 수도 있다. 그런 장면을 한번 상상해보자. 둘은 나이 든 패배자의 모습이다. 가든은 아이들을 상대로 지루한 바이올린 레슨을 하며 근근이 생활을 꾸려가고, 크록은 예식장 등에 소속된 밴드에서 우울하게 피아노 연주를 하며 생계를 이어간다.

"일이 힘들어, 메리." 크록이 침울한 목소리로 말한다.

"그래. 하지만 이렇게 생각해봐, 레이." 가든이 그를 격려하려 애쓴다. "무슨 일이 있어도 당신은 여전히 당신만의 음악을 하고 있잖아. 나한테도 그게 언제나 제일 중요한 사실이었어. 우리 목표를 향해 계속 나아가자!"

"그래, 맞아!" 그가 기운을 차리며 말한다. "우리한테는 목표가 있지!"

"우린 목표 없이 사는 요즘 사람들하고는 달라."

"맞아, 목표! 우리에겐 목표가 있어! 그런데 다음 주까지 버틸 수 있게 10달러만 빌려줄 수 있어?"

운과 계획을 구별할 줄 아는 행운아들은 삶에서 기회가 무작위로 다가온다는 사실을 알고 있다. 만일 앞만 바라보도록 시야를 가려버린다면, 많은 기회를 놓치고 말 것이다.

이는 운이 없는 사람들이 보이는 전형적인 모습이다. 그들은 꼼짝 않고 제자리에 있거나, 삶의 내리막길을 걸을 때도 미리 계획한 인생 경로를 끝까지 밀고 나간다. "종이컵 파는 일 따윈 하고 싶지 않아요. 난 피아니스트라고요!" 이러다가 언젠가는 패배자가 될 수도 있다. "전 새로운 모험에는 관심이 없습니다. 나름대로 인생 계획을 잘 세워놨거든요." 또 다른 패배자 후보가 할 만한 말이다.

장기 계획이 해로운 건 아니지만, 심각하게 받아들이지 않는 편이 좋다. 미래로 가는 길잡이로는 쓰더라도 법으로 굳혀서는 안 된다. 더 좋은 일이 생기면 즉시, 그리고 일말의 후회도 없이 전에 세운 계획을 포기할 준비가 되어 있어야 한다.

바로 이것이 운 좋은 사람들이 하는 행동이다. 그들은 많이 생각하지 않고 움직인다. 그들 특유의 습성 중 하나가 자신의 장기 계획에 갇히는 것을 본능적으로 피한다는 것이다.

엘리자베스 아덴은 미국의 경제 전문지 〈포천〉과의 인터뷰에서 "어릴 때는 제가 한 직업에 오래 못 머문다고 많은 꾸지람을 들었어요"라고 말했다. "하지만 그 말에 신경 쓰지 않고 한 직업을 고집하지 않은 게 제겐 행운이었습니다."

그녀의 말처럼 그건 정말 운이 좋은 거였다. 그녀는 속기를 배워 한동안 그 일로 먹고살았으며 출납원, 치과 보조 일도 했다. 그리고 서른 살이 되자 뉴욕으로 가 미용실에 취직했다. 그곳에서 그녀는 마침내 화장품의 세계를 알게 됐고, 자기만의 브랜드를 출시해 백만장자가 됐다.

메리 가든과 레이 크록처럼 그녀 역시 지나가는 임의의 행운을 기꺼이 수용했기에 유명해진 셈이다. 그녀는 한 곳만 바라보고 꾸준히 걸어가는 것을 고집하지 않았다. 여행을 하다가 문득 매력적인 대상을 발견하면 가던 길을 멈추고 새 방향으로 다시 출발했다.

단순히 변화 자체를 위해 자주 바꿔야 한다는 건 아니다. 가는 길에 행운의 징조가 나타난다면, 미리 정한 계획과 맞지 않는다는다는 이유로 간단히 거절하지 말라는 뜻이다.

정해진 계획을 따르기를 고집한다면 결국 세상에서 가장 슬픈 게임, '만약에' 놀이를 하게 될 것이다. 외롭고 암울한 순간에 주로 패배자들이 하는 놀이다. 돌이켜보면 그들은 자신이 승자가 될 수도 있었던 그 전환점을 확인할 수 있다. '만약에' 그러기만 했다면….

뉴욕 포티플러스클럽에서 어느 날 한 중년 남성이 한탄 섞인 목소리로 말했다. "그때 친구들이랑 같이 사업을 시작할 걸 그랬어요." 그는 컴퓨터 소프트웨어를 전문으로 하는 회사에서 영업사원으로 일했다. 그 일은 그가 처음 사회에 발을 내디딜 때 익혀서 지금까지 해온 유일한 일이었다. 그의 목표는 '업계 최고의 소프트웨어 판매원이 되는 것'이었다고 한다. 이는 분명 사람들의 감탄사를 자아내게 할 만한 목표다. 또 성실한 태도와 근면성에 환호하는 사람들에게 박수받을 목표이기도 하다. 하지만 그 목표는 이 불쌍한 인생의 여행자에게 조금이라도 도움 된 적이 없었다. 오랫동안 불운한 생활을 한 뒤 그 일자리는 합병으로 사라졌고, 쉰다섯의 나이에 그는 길거리로 내몰리게 됐다.

그런 상황을 맞지 않을 수도 있었다. 몇 년 전 친구 둘이 그에게 설득력 있는 제안을 했다. 그들은 저작권 관련 에이전시 설립을 눈앞에 앞둔 상태였다. 그 에이전시는 주로 스포츠계 유명 인사나 TV 스타 등을 대신해 일하는 회사로, 장난감 등의 상품에 그들의 이름을 사용하도록 영업하고 제조사가 지급하는 저작권료에서 수수료를 받는 것으로 돈을 벌었다. 이 사업은 가파른 성장세를 타고 있었고, 두 사업가는 컴퓨터를 파는 친구에게 이를 설명하며 빛나는 미래를 꿈꿨다. 이미 사업이 일부 진행 중이어서 사실상 이 신생 기업의 첫해 수익은 보장된 셈이었다. 그래서 완전히 새로운 사업에 뛰어드는 것에 비하면 위험 부담이 없었다. 그들은 영업직으로 일하는 친구가 자신들과 함께하며 마케팅 분야에서 활약해주길 바랐다.

그러나 그는 정한 목표만 바라보고 나아가는 것 말고는 다른 어떤 방법도 시도해보려 하지 않았다. 그는 친구들에게 자신이 저작권 관련 일이 아니라 컴퓨터 소프트웨어 판매 일을 하는 사람이라고 힘주어 말했다. 그의 시선에서 봤을 때 새 사업은 자신이 인생에서 핵심으로 생각하는 분야와 동떨어져 있었다. 그는 기회를 거절했다. 바로 가까이에 훌륭한 행운의 징조가 나타났는데 눈을 감은 것이다. 그는 그 징조를 자세히 살펴보려는 시도조차 하지 않았다.

1980년대 중반 대부분의 회사가 그랬듯 저작권 에이전시 역시 번창했다. 흐름을 타지 못한 컴퓨터 영업사원은 그 흐름 뒤에 남겨져 '만약에'라는 말만 되풀이해야 했다.

장기적인 계획은 절대 심각하게 받아들이지 말자. 그 계획들이 우리를 원하는 곳으로 데려다줄 것처럼 보이는 한, 일반적인 지침으로만 이용하자. 하지만 무엇을 하든 그 계획에 얽매이지는 말아야 한다. 더 좋은 일이 생기면 바로 쓰레기통에 던져버려야 한다는 뜻이다.

이와 같은 접근법이나 공식은 행운이 함께하는 삶에서 계속해서 나타난다. 운이 좋은 사람 대부분은 생각보다 본능에 의지해 일을 실행한다. 그들은 그것이 옳다고 '느끼기' 때문에 움직인다. 물론 좀더 신중히 생각하거나 지적인 방법을 통해, 예를 들면 철학적인 사고를 통해 움직이는 사람들도 있다.

미국 로널드 레이건Ronald Reagan 대통령의 재임 기간에 오스트리아 주재 미국 대사였던 헬레네 폰 담Helene von Damm이 대표적인 예다. 폰 담의 놀라운 행운의 삶은 지그재그로 살아가는 태도의 가치를 알리는 살아 있는 광고판이라고 할 만하다. 그녀는 그런 사실을 예리하게 인식하고 있었다. 그녀는 항상 의도적으로 장기적인 목표를 피해왔다.

1985년 〈뉴욕타임스〉와의 인터뷰에서 그녀는 "전 장기적인 계획을 세우는 사람이 아닙니다"라고 말했다. "우연히 찾아온 기회를 활용하는 걸 좋아해요."

뜻밖의 재미, 즉 우리가 찾고 있지 않던 행운의 기회를 포착하는 능력 및 습관은 운 좋은 사람들이 걸어온 지그재그식 인생 경로를 묘사하는 또 다른 방법이다. 헬레네 폰 담의 삶 역시 곧장 앞만 바라보고 달려가는 직선적인 삶과는 정반대였다.

그녀는 1938년 오스트리아의 가난한 집안에서 태어났다. 그녀의 고향은 제2차 세계대전이 일어났을 때 러시아에 점령됐다. 당시 그녀는 여고생이었는데, 러시아인 특유의 근면함과 함께하는 삶이 자신과 맞지 않는다는 점을 금방 알아차렸다. 빠져나올 기회를 계속 엿보다가 기회가 찾아오자 재빠르게 탈출했다. 지갑에 돈 한 푼 갖고 있지 않은 채 서독으로 도망쳤다.

일자리를 찾았지만, 자신과 결혼하고 싶어 하는 미군을 만나자 목표로 했던 직업을 즉시 포기했다. 그 군인과 결혼한 후 디트로이트로 이사했다. 그러다가 더 흥미로운 목표를 찾은 그녀는 남편과 이혼했다. 시카고에서 더 매력적인 일자리, 즉 비서직이 그녀의 눈길을 끌었고 즉시 시카고로 떠났다. 그녀는 미국 의학협회의 정치활동위원회에서 일하게 되었다. 그녀가 찾은 새 직업의 주된 매력은 단순히 사무실에 앉아 있는 대신 재기발랄하게 사람들 사이를 돌아다닌다는 점이었다.

정치활동위원회에서의 일은 그녀에게 한 흥미로운 남성과의 만남을 가져왔다. 배우로서 커리어를 시작했지만 이제는 정계에 입문하는, 지그재그식 인생을 살아온 그의 이름은 로널드 레이건이었다. 그는 이 활기차고 유능한 비서에게 자신을 따라 캘리포니아로 가서 주지사 선거운동을 도와달라고 요청했다. 그녀는 정치활동위원회에서 세운 장기 목표를 재빨리 포기하고 그의 제안을 수락했다. 그녀는 로널드 레이건의 개인 비서가 되어 대통령 선거운동 일을 했고, 그가 당선되자 그를 따라 백악관으로 갔다. 1982년 레이건은 그녀를 오스트리아 대사로 임명했다. 오스트리아는 그녀가 수년 전 무일푼 이민자로 살았던 곳이다.

그녀의 인생 이야기는 마치 동화처럼 들린다. 그녀의 삶에는 놀라운 행운이 스며들어 있다. 하지만 그녀가 늘 새로운 목표를 위해 오래된 목표를 포기할 준비를 하고 있지 않았다면 절대 해피엔딩을 맞이하지 못했을 것이다.

지그재그식으로 사는 삶을 두려워하지 말자. 투덜거리며 어느 한 카테고리에 자신을 속박하지 말자. "나는 비서야"라거나 "나는 컴퓨터 사업을 하고 있어"라거나 "난 자동차 산업에 몸담고 있어"라는 식으로 자신을 어떤 자리에 묶어두지 말자. 행운의 기회가 어느 방향에서 올지는 누구도 알 수 없다. 사방을 두루 살피고 있다가 기회가 손이 닿는 거리까지 다가오면 잽싸게 붙들어야 한다.

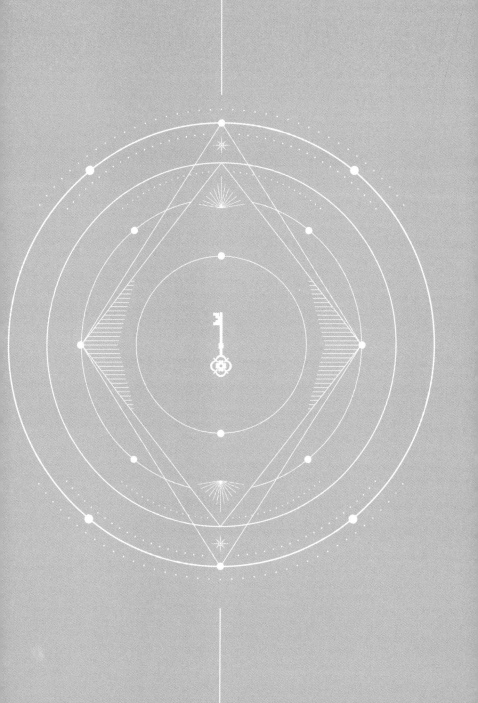

7장

일곱 번째 법칙

•

건설적인 초자연주의를
기억하라

이 법칙은 종교와 미신에 관한 것이다. 사실 이 법칙 속 단어들은 성가시다. 나에게는 종교가 미신일 수도 있고, 그 반대일 수도 있기 때문이다. 인류사를 보면, 이 두 단어에 관한 의견 차이 탓에 많은 전쟁이 벌어졌다. 그리고 이에 관한 논쟁에서 말도 안 되는 것들이 엄청나게 생겨났다.

우리가 운에 관해 살펴본 것들 안에서는 다행히 그런 논쟁의 우려가 없다. 종교와 미신을 하나로 묶어 중립적인 단어로 언급할 수 있기 때문이다. 바로 '초자연주의'다. 초자연주의는 보이지 않는 정신이나 힘 또는 어떤 증명되지 않은 섭리에 관한 믿음으로 정의된다.

정통 기독교나 유대교처럼 절대적으로 진지한 신앙이나, 사다리 아래를 지나갈 때 느끼는 두려움처럼 덜 심각한 것일 수도 있다. 애정이 가는 매력적인 특정 미신이나 액운을 피하려고 나무를 두드리는 습관처럼 꽤 사소한 것일 가능성도 있다. 이 모든 것이 초자연주의를 가리킨다. 진지하든 익살스럽든, 신앙인들에게 중요하든 아니면 일종의 게임이든, 모두 초자연주의의 정의에 부합한다. 눈에 보이지 않는 힘을 다루다 보면 어떤 흥겨운 파티에서도 말다툼이 벌어질 수 있다. 그 힘을 추종하는 사람들과 비웃는 사람들이 어디에나 존재하기 때문이다. 그리고 이것들은 모두 운을 얻는 문제에 관한 사람들의 다양한 접근에 일정 정도의 역할을 한다.

운에 관해 내린 정의를 기억하는가?

'우리의 삶에 영향을 미치지만 우리가 만들어낸 것이 아닌 사건들.'

우리가 아니라면, 누구의 소행일까? 이것이 모든 문제를 만들어내는 질문이다. 이 질문은 무신론자들을 독실한 종교인들과 맞서게 하고, 이슬람교인들을 기독교인들과 맞서게 한다. 또한 점성가들과 그들을 야유하는 사람을, 미신 기피자들과 숫자 13을 좋아하는 사람들을 맞서게 한다.

당신이 복권에 당첨됐다고 가정하자. 왜 당첨됐을까? 그 행운은 어디서 온 것일까? 그 행운의 목적은 무엇일까? 왜 당신이 행운의 주인공으로 뽑혔을까? 분명 살면서 여러 번 이런 질문을 자신에게 던졌을 것이다. 당신뿐만 아니라 모두가 그렇다. 그리고 가능한 답은 다음과 같이 여러 가지가 있다.

- 신은 알 수 없는 이유로 내게 행운을 내려주었다.
- 신이 행운을 내려준 이유는 내가 기도를 했기 때문이다.
- 내가 흠잡을 데 없는 삶을 살았기에 행운이 찾아왔다.
- 행운은 내 별자리에 정해진 운명이었다.
- 그날이 내게 행운의 날이었기에 당첨됐다.
- 복권에 내 행운의 번호가 적혀 있어서 이런 일이 일어났다.
- 내가 행운의 팔찌를 차고 있어서 복권에 당첨됐다.

그 외에도 수십 가지 이유를 댈 수 있을 것이다. 위의 목록은 절대 운에 관한 초자연적인 설명을 완벽하게 해주지 않는다. 어떤 사람은 다른 사람을 배제하기 위해 특정 설명을 선호한다. 또 여러 개의 설명을 선호하는 사람들도 있다. 그런가 하면 주어진 상황에 맞는 설명을 고르려고 목록에 적힌 사항을 이리저리 오가는 사람도 있다.

한편, 모든 초자연적 설명을 아예 거부하는 사람들도 많다. 실용주의자라고 불리기도 하는데, 그들의 좌우명은 이것이다. '나는 내가 보고 만질 수 있는 것을 믿는다.' 복권에 당첨되면 그들은 다른 초자연주의자들처럼 기뻐하겠지만 발생한 일에 관한 의견은 더 냉정할 것이다.

이 행운은 보이지 않는 정신이나 힘, 아니면 특정 섭리가 나에게 보내준 것이 아닙니다. 그저 무작위적인 사건이에요. 누군가는 복권에 당첨되어야 했고 그 승자가 우연히 나였을 뿐인 거죠. 내 행운은 아무런 목적도 없고 아무것도 증명하지 않습니다. 그저 일어난 일일 뿐입니다.

이제 우리는 핵심 문제에 도달했다. 운이 좋은 사람들은 초자연주의자일까, 아니면 실용주의자일까?
그들은 둘 다에 해당한다. 하지만 특별한 방식으로 해당한다. 이에 관해서는 약간의 설명이 필요하다.

이 책의 기초가 되는 운의 원리, 운에 관한 조언은 본질적인 면에서는 완전히 실용적이다. 어떤 초자연적인 힘과도 관계없이 구성되기 때문이다. 하지만 이 일곱 번째 법칙은 예외여서 초자연주의를 활용한다. 물론 나머지 열두 가지 법칙은 그런 믿음을 완전히 무시한다. 기본적인 운의 원리에서 우리는 기도나 행운의 숫자, 네 잎 클로버, 또는 기타 초자연적인 것에 전혀 의존하지 않고 그 법칙들을 적용할 수 있다.

그런데 만약 우리가 특정한 강한 믿음을 가졌다면 법칙을 적용하면서 그 믿음에 충실하지 말아야 할 이유는 없다. 초자연적인 미신, 예를 들어 검은 고양이를 두려워한다거나 숫자 13을 꺼리는 것, 세탁하지 않은 대학 스웨터를 입고 나가면 경기에 이길 수 있다는 장난 반 진담 반의 믿음 같은 것도 마찬가지다.

다르게 말하면 운의 원리에서는 우리가 신을 믿든, 행운의 숫자를 믿든, 아니면 아무것도 믿지 않든 간에 그 사실이 별로 중요하지 않다. 하지만 특이한 점이 있다. 행운아들은 특유의 초자연주의자적 경향이 있다는 것이다. 어떤 사람은 신앙심이 깊고, 또 어떤 사람은 특이한 미신을 믿는다.

처음 이 사실을 알아차렸을 때 무척 당황했다. 왜 운이 초자연주의와 연관되는 걸까?

나를 더 당황스럽게 한 것은 운 좋은 사람이 '어떤' 초자연주의를 옹호하는지가 중요하지 않은 것 같다는 점이었다. 일부 행운아들은 독실한 가톨릭 신자거나 유대인이었으며, 또 일부는 조직화된 종교를 기피했다. 중요해 보이는 것은 초자연주의의 종류가 아닌, 애초에 그 초자연주의가 내면에 깊이 뿌리박혀 있다는 점이었다. 대부분 행운아는 어떤 식으로든 종교적이고 초자연적인 생각을 하는 것으로 밝혀졌다.

초자연주의와 운은 어떤 관계인 걸까? 초자연적인 믿음, 심지어 들었을 때 웃음이 나올 만한 소소한 미신마저 사람들이 평소 같았으면 하지 못했을 선택을 하도록 도와줌으로써 행운을 얻게 하는 것 같다.

살아가면서 우리는 어찌 됐든 여러 선택지 중 하나를 고르게 되지만, 삶은 합리적 선택의 근거가 부족한 상황들로 가득하다. 가장 간단한 예는 복권을 사면서 숫자를 고르는 것이다. 우리는 룰렛 휠이나 복권에 돈을 걸고 싶어 한다. 그리고 내기를 위해서는 돈을 걸 숫자를 선택해야 한다. 하지만 어떻게 선택해야 할까? 특히 좋아하는 숫자도 딱히 없고, 아무리 머리를 쥐어짜도 특정 숫자를 택해야 할 근거를 찾을 수 없으며, 아무리 골똘히 생각해 봐도 다른 사람에 비해 우위를 점할 수 없다. 자, 그렇다면 당신은 어떤 선택을 하겠는가?

많은 사람, 불운한 많은 이들은 도저히 선택할 수 없다는 이유로 아무것도 하지 못하고 그냥 멈춰 있을 것이다. 하지만 우리는 세 번째 법칙, 즉 '영리하게 위험을 감수하라'에서 살펴봤기에 행운을 얻기 위해서는 위험을 감수해야 한다는 점을 알고 있다. 또 위험한 길을 걸을 때 바라는 모든 것이 거의 실현 불가능하다는 점 또한 알고 있다. 바로 여기서 운이 초자연적인 믿음을 획득한다.

운이 좋은 사람은 관련 정보가 전혀 없어도 복권을 산다. 그렇다면 그들은 번호를 어떻게 고를까? 그들은 초자연적 존재에 의

존한다. '신이 나를 인도할 것이다'라는 식으로 말이다. 아니면 '머릿속에 처음 떠오른 숫자 3개를 골라야지'라면서 장난기를 발동할 수도 있다.

운 좋은 사람은 이런 식으로 게임에 참여한다. 결과가 신이나 별자리점 또는 행운의 부적에 영향을 받느냐 아니냐는 상관이 없다. 중요한 것은 초자연적인 믿음 덕분에 그 사람이 잠재적으로 승리할 수 있는 위치에 섰다는 점이다.

물론 복권의 세계에 발을 들이는 것은 사소한 모험이다. 그에 비해 삶은 우리에게 더 많고 중요한 갈림길 같은 상황을 제시한다. 어떤 사람은 합리적인 선택이 불가능하다는 점에서 복권을 살 때만큼이나 좌절감을 느끼기도 한다. 하지만 최악의 반응은 아무것도 하지 않는 것이다.

이 흔한 딜레마에 관한 고전적 일화 중 미국의 소설가 프랭크 스톡턴Franck Stockton이 쓴, 아가씨와 호랑이를 다룬 이야기를 소개한다. 이미 아는 이야기일지도 모르겠다. 공주의 마음을 사로잡아 왕의 분노를 산 주인공은 2개의 출구가 있는 경기장으로 안내된다. 한쪽 문 뒤에는 아가씨가 서 있고 다른 쪽 문 뒤에는 오랫동안 굶주린 호랑이가 있다. 왕은 주인공에게 한쪽 문을 선택해 열라고 말한다. 선택을 하지 않으면 그 자리에서 처형될 것이다.

주인공이 이 흥미로운 딜레마를 두고 고민하는 동안 그의 애인인 왕의 딸이 해결책을 찾아낸다. 공주가 슬쩍 2개의 문 중 하나를 가리킨 것이다. 하지만 불행하게도 그는 그녀의 속내를 알수 없다. 만약 그녀가 여전히 그를 사랑한다면 뒤에 아가씨가 서있는 문을 가리켰을 것이다. 하지만 혹시 질투심이 생겼다면 그를 호랑이에게 인도할 수도 있다.

정보가 불충분한 전형적인 상황이다. 아무리 많은 계산을 해봐도 주인공은 시원스레 해결책을 찾지 못한다. 이성적인 선택은 불가능하다. 하지만 최악의 반응은 아무 행동도 하지 않는 것이다. 그러면 확실히 사형이 집행되기 때문이다. 어느 쪽이 됐든 일단 문을 고르는 것이 주인공에게 유리하다. 그렇게 하면 생존 확률은 반반이니 말이다.

스톡턴은 이야기의 결말을 말해주지 않았다. 나는 그저 주인공이 초자연적인 믿음을 품었길 바랄 뿐이다. 어떤 오래된 미신이든 그가 어느 한쪽을 선택하게 영감을 줄 것이고, 그렇게 상황은 해결될 것이다. 동전을 던져 결과를 점치는 고대의 의식을 사용하는 것조차 선택을 아예 하지 못하는 것보다 낫다.

실제 우리 삶에는 이와 비슷한 딜레마의 예가 많다. 살다 보면 충분한 정보 없이 선택하고 위험을 감수해야 하는 답답한 상황이 속출한다. 미국의 화학약품 제조 회사 유니언카바이드Union Carbide 의 한 임원은 두 회사 중 하나를 선택하지 못한 한 청년의 슬픈 이야기를 들려줬다.

그는 훌륭한 교육 과정을 밟아온 매우 똑똑한 청년이었다. 대학교 4학년 때 그는 유니언카바이드와 IBM을 포함한 몇몇 대기업에 입사 면접을 봤다. 채용 담당자들은 품위나 그 밖의 자질이 다소 부족하다고 느꼈지만, 대신 그의 똑똑함에 깊은 인상을 받았다. 유니언카바이드와 IBM은 그에게 사실상 동일한 조건의 일자리를 제안했다.

그는 들어온 제안을 검토하면서 두 회사를 살펴봤다. 그런 후 생각하고 또 생각했지만 결정을 내리지 못했다. 스톡턴의 이야기에 나오는 주인공처럼 곤경에 처한 것이다. 아무리 골똘히 생각해도 좀처럼 선택을 할 수가 없었다. 유니언카바이드와 IBM은 둘 다 직원들에게 좋게 평가받는 대기업이다. 둘 중 어디를 택하든 창창한 미래를 손에 넣을 수 있다. 하지만 물론 다른 모든 곳에서와 마찬가지로, 그런 조직에서 한 사람의 미래는 대개 운에 달려 있다. 그렇기에 미래로 달려가는 현 시작점에서 앞날이 어떤 모습으로 펼쳐질지는 누구도 알 수 없다.

이 젊은 지원자 역시 마음을 정하지 못했다. 유니언카바이드 직원이 메일을 보내고 전화를 하며 빨리 결정을 내리라고 그를 재촉했다. 만약 그가 제안을 받아들일 생각이 없다면 그다음 순위의 후보자에게 입사 제안을 할 생각이었다. 자격을 갖춘 지원자들도 차고 넘쳤다. IBM 역시 그에게 결정을 내리라고 연락했다.

결국 두 거대 기업의 끈질긴 메일과 전화에 압박감을 느낀 그는 유니언카바이드 쪽과 통화하면서 IBM에 가기로 마음먹었다고 말했다. 이윽고 그가 IBM에 자신의 결정을 알리러 갔을 때, IBM 사람들은 미안하다며 그가 너무 오래 지체했다고 말했다. 알고 보니 그 자리를 차순위 지원자에게 제안했고 그 지원자가 즉시 수락한 것이었다. 그 청년은 유니언카바이드에 전화를 걸었지만 유니언카바이드 쪽의 일자리도 이미 없어진 상태였다.

이 사례에서는 초자연적인 것이 행운으로 이어질 수도 있었다. 예를 들어 그 젊은이가 종교적인 믿음을 가지고 있었다면 종교적 가르침이나 신호, 아니면 무언가 징조를 얻기 위해 기도를 했을지도 모른다. 또 목사나 랍비, 신부 또는 그 외 종교 지도자와 이야기를 나눴을 수도 있다. 그것도 아니면 그냥 동전을 던졌을지도 모른다. 그에게 필요한 것은 그를 선택으로 이끌 '무언가'였다. 비종교인들에게는 특정 종교적 행위가 아무리 우스꽝스럽고 미신같이 보이더라도, 그것이 결정을 앞두고 지지부진한 상황을 극복하는 데 도움이 됐다면 직접적이고 실질적인 가치가 있다고 봐도 된다.

그러니 자신을 이끌어줄 초자연적 시스템을 찾자. 진지하거나 유머러스할 수도 있고, 깊이 있는 믿음이거나 단순한 게임일 수도 있다. 중요한 것은 아무것도 없다. 그 시스템이 내놓은 결론이 최고의 답인지 순전히 허튼소리인지도 중요하지 않다. 악의가 있거나 주술적인 게 아닌 한, 우리가 그 방식을 채택해 자신의 선택과 위험을 감수하는 상황에 도움을 받는다는 것이 중요할 뿐이다.

해로운 것은 피하되, 다른 사람이 비웃을 만한 시스템을 선택하는 것도 두려워할 필요 없다. 주요 종교를 포함한 모든 초자연적 시스템은 비웃음을 당하기 마련이다. 신에 관한 진실은 누구도 알지 못한다. 기독교인, 유대인, 무슬림 등 특정한 부류가 세상을 조각해나가는 것인지 어떤 것인지도 알 수 없다. 많은 사람이 진실을 안다고 말하지만, 실상 그렇지 않다. 단지 알고 싶어 할 뿐이다. 신과 같은 존재가 있고, 또 그가 복권에 당첨되거나 일자리를 얻는지 같은 일에 신경 쓸 거라고 모두가 확신하는 것은 아니다. 이것들은 운의 원리에서 전혀 중요하지 않다.

행운의 숫자는 한마디로, 자신이 좋아하는 숫자를 말한다. 이 숫자들은 재미있고 단순하다는 장점이 있다. 원한다면 복잡하게 만들 수도 있지만, 행운의 숫자 1개 또는 몇 개를 생각해두는 것만으로도 충분하다. 주로 그런 이유로 나는 행운의 숫자를 운에 관한 초자연적인 도구로 선택했다.

나는 숫자 6과 28을 좋아한다. 이 2개의 숫자는 내 생일인 6월 28일을 나타낸다. 그리고 이 둘은 100 미만에서 유일하게 '완벽한' 정수이기도 하다. 수학에서 완전수perfect number는 자기보다 작은 약수의 합이 자기 자신이 되는 수를 말한다. 예컨대 6의 약수는 1, 2, 3이고 이들의 합이 6이다.

그래서 6과 28은 분명 흔치 않고 감탄할 만한 숫자다. 내가 이 숫자들을 심각하게 받아들였을까? 당연히 그런 건 아니다. 하지만 이 숫자들은 합리적 선택의 근거가 없는 상황에서 내가 선택을 할 수 있게 도와준다. 다시 강조하지만, 최악의 선택은 아무 행동도 하지 않고 그냥 제자리에 서 있는 것이다.

얼마 전 낯선 목적지로 차를 몰고 가던 중, 차선들이 미친 각도로 뻗어 나오는 원형 교차로를 발견했다. 나는 내가 어디에 있는지, 또 어떤 길로 가야 할지 몰라 당황했다. 하지만 선택을 해야 한다는 것만큼은 알고 있었다. 쌩쌩 달리는 차량 행렬에서 우물쭈물 속도를 낮추다가 완전히 정지해버린다면 목숨을 장담할 수 없을 터였다. 근거가 될 만한 정보가 없었지만 어쨌든 선택을 해야 했다.

이 답답하고 위험한 상황에서 행운의 숫자 6이 나를 도와주었다. 무수히 많은 도로 중 한 곳에서 광고 표지판이 높게 세워진 주유소를 봤다. 필립스 66이라는 브랜드였다. 나는 한순간도 머뭇거리지 않고 그 길을 따라갔다. 그리고 목적지에 무사히 도착했다.

나중에 가서야 가장 빠른 길을 고르지 않았다는 걸 알았지만, 나는 가야 하는 곳에 도착했고 이 이야기를 하는 이 순간까지 살아 있다.

이 행운의 숫자들은 복권 번호를 고를 때나 룰렛 휠을 돌릴 때, 심지어 주식시장에서 관련 정보가 부족한 상황에서조차 결정을 내릴 수 있게 도와주었다. 그렇게 해서 이길 때도 있고 질 때도 있다. 이 숫자들이 실제로 결과에 영향을 미치는 건 아닌지 의심스러운 순간도 있다. 어쨌든 이 숫자들이 '정말' 내게 해주는 일은, 합리적인 승리 전략을 알 수 없을 때도 내가 게임에 참여하게 하는 것이다. 이 숫자들은 내가 승리할 수 있는 위치에 서도록 돕는다. 그리고 나는 계속 그 위치에 서기 때문에 운 없는 사람들이 질투할 정도로 자주 이긴다.

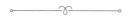

"생각을 하기 싫어 미신을 끌어다 쓰지 않는 한 미신은 당신에게 해를 끼치지 않습니다."

카드 게임 브리지 플레이어로 유명한 미국의 찰스 고렌Charles Goren은 이렇게 말했다. 브리지 게임에 관한 미신과 관련해 기자의 질문에 대답하던 중이었다.

"사실 미신은 당신에게 도움이 될 수 있습니다. 특정한 방향으로 마주 보고 앉는 게 기분을 좋아지게 한다면 아마 당신은 그렇게 함으로써 경기에 더 잘 임할 수 있을 거예요. 운이 좋아진 듯한 느낌을 받으며 테이블에서 일어날 수 있을 겁니다."

그 느낌은 거의 정확하다. 삶과 마찬가지로 브리지 게임에서도 우리의 운명은 통제할 수 없는 사건들, 특히 플레이어 간에 카드가 오가는 것에 영향을 받는다. 우리는 자신이 선택하지 않은 13장의 카드를 손에 쥔 채 꼼짝 못 하고 있다. 하지만 운이 좋든 좋지 않든, 이 13장의 카드가 우리 운명을 결정짓는 유일한 요소는 아니다. 게임의 결과는 주어진 운으로 우리가 어떻게 행동하느냐에도 영향을 받는다. 위험이 따르거나 정보가 다소 부족한 상황에서 결정을 내릴 때 도움이 되는 좋은 미신을 믿는다면, 우리는 당황하고 낙담해 아무 행동도 하지 않는 상황일 때보다 더 좋은 운을 붙잡을 수 있다.

고렌은 초자연적인 운을 바꿀 수 있다고 믿느냐는 질문에 웃으며 고개를 끄덕였다. 자신이 어떤 믿음을 가졌는지는 말하려 하지 않았지만, 그건 문제가 아니었다. 중요한 것은 그가 필요할 때 기댈 수 있는 초자연적인 무언가가 있다는 점이다. 찰스 고렌은 항상 최고의 행운아였다.

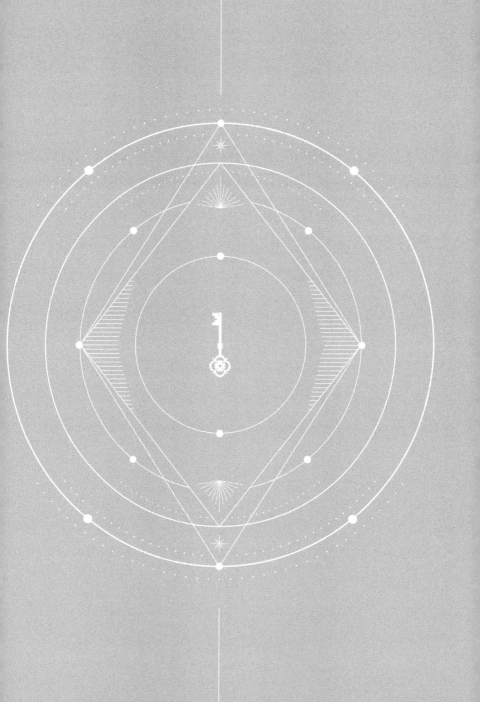

8장

여덟 번째 법칙

•

최악의 경우를
분석하라

앞에서 운 좋은 사람들이 비관적인 성향을 지녔다는 점을 이야기했다. 그들은 확실히 '천하태평'과 같은 단어와는 어울리지 않는다. 저 단어에서 우리는 쾌활하고 낙천적이며 근심·걱정이 없는 누군가의 모습을 떠올린다. 역설적인 사실은 그런 사람들이 명랑한 미소와 밝은 성향에도 불구하고 대개 불운한 삶을 산다는 점이다.

낙관주의가 최고의 상황을 기대하는 것을 의미한다면, 행운은 최악의 상황을 어떻게 다룰지 아는 것을 포함한다.

직업, 인간관계, 금전적 모험과 같은 새로운 상황에 처하면 운이 좋은 사람은 첫 번째 법칙을 적용한다. 그들은 계획과 운을 명확히 구분한다. '이 상황은 내가 통제할 수 있는 부분이 일부 있군. 내 능력 범위 밖인 운은 더 좋은 방향으로 가거나 더 안 좋아질 수도 있겠지.'

이 점을 염두에 두고 운 좋은 사람은 최악의 경우를 분석해 적용한다. '상황이 잘못될 수도 있겠네. 이제 어떻게 잘못될 수 있는지 생각해봐야겠다. 최악의 결과는 어떤 걸까? 최악의 결과가 하나가 아니라 둘 이상이라면 그건 또 어떨까? 어떻게 최악의 상황으로 진행될까? 만약 그렇게 되면 어떻게 해야 나 자신을 지킬 수 있을까?'

딱 봐도 천하태평과 완전히 반대임을 알 수 있을 것이다.

미국의 언론인이자 〈뉴욕타임스〉의 편집자였던 마거릿 파라 Margaret Farrar는 내가 인터뷰한 사람 중 가장 운이 좋은 사람이었다. 그녀가 놀라운 성공을 거둔 이유는 최악의 경우를 열심히 분석했기 때문이다. 그녀의 길고 행복했던 삶을 한번 살펴보자.

그녀는 십자말풀이 퍼즐로 둘러싸인 세계에서 살았고, 그 세계에서 수년 동안 자타공인 여왕 같은 존재였다. 그녀는 지금 우리가 알고 있는 십자말풀이를 발명한 거나 다름없는 사람이었고, 〈뉴욕타임스〉의 십자말풀이 퍼즐 편집자로 27년 동안 일했다. 또 퍼즐 책 시리즈를 출간해 엄청난 수익을 거두기도 했다. 하지만 그녀가 이 여덟 번째 법칙을 자신이 쌓은 행운의 커리어에서 적어도 두 번 이상 적용하지 않았다면 아마도 그저 그런 삶을 살았을지도 모른다.

나는 1979년에 그녀를 보러 갔다. 그녀는 뉴욕의 어퍼이스트 사이드에 있는 아파트에서 살았다. 문 앞에서 나를 맞이한 여든 두 살의 그녀는 작은 체구의 단아한 여성이었다. 활기차고 친절한 태도가 돋보였다. 특별히 운을 주제로 인터뷰하러 간 건 아니지만 꾸준히 운이 좋았으리라는 걸 바로 알 수 있었다. 내게 커피 한 잔을 타서 건넨 뒤 그녀는 이런 말로 인생 이야기를 시작했다.

"당신도 알겠지만 특정 분야에서의 성공은 단순히 똑똑하냐 그렇지 않냐의 문제가 아닙니다. 운도 좋아야 해요." 이것이 그녀가 말한 첫 번째 법칙이었다. "전 항상 운이 좋았습니다. 젊었을 때부터 행운이 뒤따랐죠. 항상 알맞은 시기, 적절한 장소에 있는 것 같았거든요."

당시 결혼 전 성 페테르브리지Petherbgidge에서 얻어진 별명인 피프Piff로 알려졌던 마거릿 파라는 1921년 뉴욕에 입성했다. 잠깐 이리저리 방황하던 그녀는 옛 〈뉴욕월드〉에서 일하던 편집자의 비서로 입사했다.

〈뉴욕월드〉는 최근 들어 남는 지면을 메꾸기 위해 이른바 '워드 크로스 퍼즐'이라고 불리는 것을 게재하기 시작했다. 여섯 글자 미만의 단어들이 작은 다이아몬드 모양으로 구성된 퍼즐이었다. 편집자도, 독자도 이 퍼즐에 큰 관심을 보이지 않았다. 단지 공간을 채우기 위한 것 정도로 여겼고, 사람들의 그런 마음이 퍼즐에 고스란히 드러났다. 잘못된 단어가 실리거나 'xinx(동전이 떨어지는 소리)'와 같이 대충 지어낸 단어가 실리기도 했다. 지루한 정의들과 자부심 따위는 찾아볼 수 없고 일말의 관심도 보이지 않는 무성의함으로 얼룩졌다.

이런 주간 퍼즐 코너 제작 일은 아무도 지원하지 않아 하급 사원들이 떠맡았다. 각자 몇 주 동안 투덜대며 일을 한 다음에는 어떻게 해야 다른 사람에게 이 업무를 떠넘길 수 있을지 생각하기 바빴다. 그러다가 마침내 피프의 차례가 됐다.

한 편집자가 그 일을 맡아달라고 했을 때 그녀는 무척 좋아했다. 그녀는 행운의 징조가 인생에 우연히 찾아온 건 아닐까 추측했다. 그녀는 "비서라는 틀에 매인 일에서 벗어날 기회라고 생각했어요"라며 당시 상황을 돌아봤다. "그때 제가 하던 비서 일은 근무 시간 내내 덫처럼 저를 답답하게 잡아놓았거든요. 마침 다른 일을 할 기회가 왔으니 그게 '무엇'이든 그걸 택한 거죠."

그리고 굴레를 벗어났다는 첫 번째 희열감이 가라앉았을 때 젊은 피프는 행운을 붙잡는 데 필수 불가결한 여덟 번째 법칙을 적용했다. 그녀는 상황이 어떻게 잘못될 수 있는지 자문해봤고, 그 결과 매우 우울한 시나리오를 떠올렸다. 더 나은 퍼즐을 만들기 위해 온종일 머리를 싸매고 있는 자신을 상상할 수 있었다. 퍼즐의 질을 향상시키는 건 생각보다 천천히 이루어질 테고, 자신이 가진 열정은 곧 바닥날 터였다. 심지어는 편집자들이 퍼즐을 그만 신자고 할 수도 있었다. 그때 자신은 비서직으로 돌아가고 싶어 하겠지만 이미 그 자리는 누군가가 대신하고 있을지도 모른다. 마침내 그녀는 거리에 내몰린 자신의 모습을 떠올리기에 이르렀다.

이것이 그녀가 상상한 최악의 상황이었다. 그녀는 이런 걱정거리를 편집자에게 말했고, 이야기를 들은 편집자는 웃으며 그럴 일은 없으니 안심하라고 말했다. 그럼에도 그녀는 일종의 약속을 해주셔야 한다고 고집했다. 어떤 일이 있어도 최소한 1년간은 퍼즐 연재를 중단하지 않겠다는 약속이었다.

만약 젊은 날의 피프가 이 최악의 분석을 적용하고 자신을 보호하지 않았다면 오늘날 우리가 알고 있는 십자말풀이 퍼즐은 존재하지 않을지도 모른다.

그녀는 매우 열정적으로 새 임무를 시작했다. 그녀는 글을 읽을 줄 아는 독자들에게 더 많은 도전 과제를 제공하기 위해 퍼즐의 규모를 늘렸다. 우선 퍼즐을 구성하는 규칙을 강화했다. 그리고 '고무티 야자나무의 섬유(〈뉴욕월드〉에서 출판된 최초의 퍼즐에 등장했다)'와 같은 익숙하지 않은 단어나 조금만 더 생각하면 평범한 단어로 대체할 수 있는 단어는 제외했다. 또한 'xinx'와 같은 단어를 만들어내는 것처럼 게으르게 속임수를 쓰지 않기로 했다. 그런가 하면 맞춤법 오류나 잘못된 숫자가 실마리가 되는 정의 및 기타 오류를 없애기 위해 편집과 교정에 많은 시간을 들였다. 검게 칠해진 사각형 패턴에도 특별한 주의를 기울였다. 또 미국식 영어에서 혼란을 야기하지 않기 위해 필요한 규칙을 확립했다. 패턴은 눈을 즐겁게 하는 대칭이 되도록 구성했고 모든 문자는 두 단어의 일부여야 한다는 등의 규칙을 추가했다.

그러나 퍼즐에 관한 관심은 즉각적으로 고조되지 않았다. 이 신문의 최고 편집자들 몇몇은 십자말풀이 퍼즐이 발행 부수에 전혀 도움이 되지 않으리라고 생각했다. 그들은 퍼즐을 버리고 싶어 했다.

그러나 피프는 그들에게 1년이라는 약속을 지키게 했다. 결과적으로 그녀는 그 약속으로 충분한 시간을 벌 수 있었다. 연말이 다가오자 독자들의 열정은 편집자들이 퍼즐을 몇 달 더 연재해야 한다고 이야기할 정도로 높아졌다. 이 젊은 편집자의 평생 사업은 퇴출 위기에서 살아 돌아왔다.

이윽고 십자말풀이 퍼즐은 세계에서 가장 인기 있는 일일 특집 코너 중 하나가 됐다. 피프가 쌓아 올린 작은 제국은 젊은 보조 편집자 두 명이 편집부에 합류하면서 한차례 더 번창했다.

그 뒤 1924년에 십자말풀이 퍼즐은 급작스럽게 전국적으로 유행을 타기 시작했다. 이런 현상은 미소 띤 젊은이 둘이 그녀의 사무실을 찾아왔을 때부터 조짐이 보였다. 두 청년의 이름은 리처드 사이먼Richard Simon과 맥스 슈스터Max Schuster였다. 그들에게는 무모한 계획이 있었다. 출판사를 세우고 십자말풀이 퍼즐 책을 출간하고 싶어 했는데, 세계적인 퍼즐 편집자와 그녀의 조수들이 그 책을 기획하길 바랐다.

신문의 탑 칼럼니스트였던 프랭클린 P. 애덤스Franklin P. Adams는 피프에게 그 일에 관여하지 말라고 충고했다. 그는 일이 성공하지 못할 것이라고 말했다. 십자말풀이 퍼즐은 별나고 글을 읽고 쓸 줄 아는, 선택된 사람들 몇몇만 즐기는 난해한 취미였다. 그런 퍼즐 책이 대중을 대상으로 하는 시장에 진출한다는 것도 우스웠다.

그런데 사이먼앤슈스터Simon and Schuster라는 이름의 신생 회사는 퍼즐 하나에 25달러씩을 제안했다. 피프는 제안된 25달러를 활용할 좋은 방법을 여럿 생각해냈다. 게다가 최악의 상황을 상정해봐도 그 제안이 그리 나빠 보이지 않았다. "책이 실패했다고 가정해봤습니다"라고 그녀가 자신의 추론을 들려줬다. "일이 비참하게 실패했다고 생각해봤죠. 제가 잃을 게 뭐가 있을까요? 기껏해야 제 명성 정도 아닐까요? 그 시점에는 정말 잃을 거라고 생각되는 게 거의 없었습니다."

그녀는 이 상황이 복권을 사는 것과 비슷하다고 결론 내렸다. 손해 볼 위험은 컸지만 손해 볼 액수는 적었다. 책이 성공할 수도 있다는 점을 고려해서 그녀는 인세를 통해 금전적 보상을 나누기로 출판사와 계약했다.

그녀와 조수들은 책을 만들기 시작했다. 그런데 미처 생각지 못한 '최악의 사건'이 나타났다. 이 프로젝트 관련자들의 책에 관한 열정이 점차 식어간 것이다. 처음에도 그다지 큰 열정은 없었지만, 돌아가는 상황을 보니 시간이 갈수록 그마저도 줄어드는 듯했다. 애덤스는 책의 서문을 쓰는 것을 거절했다. 그 밖에 유명한 편집자이자 문학 비평가인 존 파라John Farrar를 포함해 몇몇 저명한 문학인도 거절했다. 반복된 거절에 직면한 사이먼과 슈스터는 다시 생각해보기 시작했다. 십자말풀이 퍼즐 책을 출간한다는건 좋은 생각이 아닌 것 같았다.

피프는 단지 한 번의 불행으로도 그들이 프로젝트를 포기할수 있으리라는 점을 감지했다. 큰 불행일 필요도 없었다. 그저 사소한 불운이라도 괜찮았다. 불운의 한 가지 가능성은 원고를 잃어버리는 것일 수 있었다. 잃어버렸다면 다시 쓰면 그만이다. 하지만 그러려면 한두 달 정도가 더 걸릴 수밖에 없다.

게다가 그녀는 사이먼과 슈스터가 말한 마감일을 지키지 못했다. 그 실패는 열정의 지속적인 하락에 더해져 프로젝트의 종말을 가져올 수 있었다. 그녀는 사이먼이 슈스터에게 하는 말을 들었다. "그럼 우리가 이 책을 두 달 더 기다려야 한다는 거야? 그렇군. 그런데 내 말 좀 들어봐. 어쩌면 이게 전화위복이 될지 몰라. 난 우리가 이 문제에 관해 좀 얘기할 필요가 있다고 전부터 생각했어." 슈스터가 대꾸했다. "그래, 맞아. 나도 그런 생각을 하던 중이었어."

그녀가 그들에게 열정이 식은 것 아니냐고 직접적으로 물었을 때 그들은 그렇지 않다고 대답하면서 그녀를 안심시키려 노력했다. 하지만 그녀는 그 말이 자신의 마음을 다치게 하지 않으려는 선의의 거짓말일지 모른다고 강하게 의심했다. 그들이 계획이 바뀌었다고 발표하자 의심이 확신으로 바뀌었다. 그들은 사이먼 앤슈스터라는 이름으로 책을 출판하는 대신 플라자퍼블리싱Plaza Publishing이라는 새 이름 뒤에 숨어 실패할 가능성으로부터 자신들을 분리하는 계획을 세웠다.

이 소식을 듣고 나니 혹시라도 원고를 분실하면 어쩌나 하는 걱정이 커졌다. 당시는 복사기가 없었고, 복사용 먹지를 구할 순 있었지만 신문사에서는 거의 사용하지 않았다. 그 결과 십자말풀이 책의 완전한 원본은 단 한 권뿐이었다. 세 명의 편집자가 거기에 내용을 조금씩 추가했고 가끔 일부를 집으로 가져갔다. 종종 책상이나 파일 캐비닛 위에 놓아두기도 했다. 원본을 몽땅, 아니면 일부를 잃어버릴 경우의 수는 너무도 많았다. 피프는 수작업으로 완전한 사본을 만드는 데 꼬박 두 번의 주말을 썼다.

얄궂게도, 그녀의 걱정이 현실이 됐다. 편집자 중 한 명이 원고를 택시에 두고 내린 것이다. 출판사 마감일이 1~2주밖에 남지 않았으니 그것으로 프로젝트가 그냥 끝날 수도 있었다. 그렇게 되면 피프가 그린 밝고 운 좋은 미래는 끝이 나는 셈이었다. 하지만 그녀는 위기 상황에서 빠져나오기 위해 움직였다. 그녀는 사본으로 만들어둔 원고를 잘 다듬어 제출했다. 그렇게 자신의 손에서 날아가 버릴 수 있었던 운을 붙잡는 데 성공했다.

이 책은 1924년 4월 10일에 출판됐다. 가격은 연필과 지우개, 그리고 퍼즐 답을 적어 플라자퍼블리싱에 보낼 수 있는 우편엽서 세트를 포함해 1.35달러였다.

초판 부수는 소심하고 비관적인 예측이 반영된 3,600부였다. 놀랍게도 책들은 출간 즉시 다 팔렸다. 십자말풀이 퍼즐의 어떤 부분이 미국인의 흥미를 건드린 것 같았다. 이어 2쇄도 매진됐다. 3쇄와 크기를 더 늘린 에디션도 마찬가지였고, 그보다 크기를 더 키운 에디션도 2만 5,000부씩 찍어냈는데 이 역시 8쇄, 9쇄, 10쇄까지 나오게 됐다. 이렇게 십자말풀이 퍼즐에 열광한 놀라운 한 해가 채 저물기도 전, 두 권의 퍼즐 책이 추가로 급하게 인쇄됐다. 크리스마스 쇼핑 시즌 중에는 단 하루에 15만 부가 팔리기도 했다.

피프 페테르브리지는 행복한 나날을 보내고 있었다. 그녀는 곧 첫 번째 책 서문을 써주지 않은 걸 뉘우치고 있는 문학 평론가와 결혼할 예정이었고 마거릿 파라라는 이름으로 영어권 지역에서 빠르게 명성을 드높이던 중이었다. 1934년 웹스터의 새 국제판 사전에 '십자말풀이 퍼즐'이라는 문구가 처음 정규 목록에 올랐는데, 마거릿 파라는 철자에 하이픈이 포함되어야 하는지 결정해달라는 요청을 받기도 했다. 〈뉴욕타임스〉가 1942년 첫 선데이 퍼즐을 만들었을 때 그녀는 편집자로 일했고, 1950년에는 첫 데

일리 퍼즐 개시 작업을 총괄했다. 그녀는 십자말풀이 퍼즐의 여왕으로 군림했고 그 뒤로도 평생 왕좌를 지켰다.

"제가 다른 사람과 비교해 유난히 영리했거나 특별한 재능이 있었던 건 아닙니다." 이어 그녀는 이렇게 말했다. "그냥 운이 좋은 거였어요."

그렇다. 십자말풀이 퍼즐을 기획하고 편집하려면 고도의 문해력과 많은 인내심이 필요하지만 이런 재능이 넘치는 사람은 수천 명에 이른다. 마거릿 파라는 알맞은 시기, 적절한 장소에 있었기에 퍼즐의 지배자가 될 수 있었다. 그리고 최소한 두 번에 걸쳐 여덟 번째 법칙을 적용한 것도 한몫을 했다.

그녀는 최악의 결과가 어떻게 될지 자문했고 상황을 감당할 준비를 했다. 만일 그런 상황에서 태평스럽게 굴었다면 큰 행운은 찾아오지 않았을 것이다.

이제 수 세기 동안 아마추어 도박꾼들을 당황케 한 질문을 던질 시점이다.

'왜 항상 프로들이 승리할까?'

'왜냐하면 그들이 속임수를 쓰기 때문이다'라는 것이 상투적인 대답이지만, 진실은 다르다. 사실은 도박으로 자신의 모든 수입 또는 수입의 상당 부분을 버는 프로들이 아마추어들보다 속임수를 쓸 가능성이 훨씬 낮다고 한다. 속임수 같은 부정행위는 프로에게는 어리석은 일이다. 프로는 그런 위험을 감수할 필요가 없다.

프로 도박꾼은 낙관적인 상황을 거부하기 때문에 승리한다. 그들은 운을 선택하고, 어떤 모험이든 시들해지면 재빨리 포기하는 다섯 번째 법칙을 적용한다. 그리고 최악의 경우를 분석하는 여덟 번째 법칙 또한 잘 활용한다.

아마추어 도박꾼은 자신이 원하는 대로 카드들이 나오게 해달라고 기도한다. 상황을 낙관할 뿐인 이 행동이 카드 게임에서 이기게 해주진 못한다. 그에 반해 프로는 카드가 자신에게 불리하게 나왔을 때 어떻게 하면 그 상황에서 빠져나올 수 있을지 연구한다.

이것이 바로 프로들이 거의 항상 아마추어들보다 더 많은 돈을 벌어 집에 돌아가는 가장 중요한 이유다. 월스트리트에서도 마찬가지다. 일관되게 승리하는 사람과 패하는 사람의 차이를 분석해보면 한 가지 사실이 확연히 드러난다. 패배자는 낙천적이다.

〈뉴욕타임스〉에서 마틴 슈워츠Martin Schwartz라는 상품 투기 거래자를 인터뷰한 적이 있다. 슈워츠는 1년 만에 자산을 175%나

늘린 일관된 승자였다. 어떻게 그럴 수 있었냐는 기자의 질문에 슈워츠는 간결하게 대답했다.

"어떻게 져야 하는지를 알았거든요."

9장

아홉 번째 법칙

·

입을
다물어라

미국의 제30대 대통령 캘빈 쿨리지Calvin Coolidge는 생각을 숨기는 습관으로 유명했다.

사람들은 그런 그를 '침묵의 칼'이라고 불렀다. 특히 그의 보수적이고 사업 지향적인 정치 성향을 좋아하지 않는 일부 사람들은 그가 말을 많이 하지 않는 이유가 생각을 별로 하지 않아서라고 비꼬기도 했다. 하지만 그 얘기가 사실일 가능성은 거의 없다. 쿨리지는 평생 평범하지 않은 행운을 누린 인물로, 불필요한 대화가 행운이라는 기회에 걸림돌이 된다는 걸 알았거나 직관적으로 느꼈다는 것이 그 증거다.

앞에서도 여러 번 언급했듯이, 우리의 인생행로는 우리가 만들지 않은 사건으로 많은 부분이 결정된다. 우리는 이 사건들의 흐름을 통제할 수 없고 어떤 일이 일어날지 예측할 수도 없다. 하지만 일어난다는 점만은 알 수 있다. 몇 번이고 우리는 예상치 못한 상황에 처하게 된다. 그렇기에 최고의 전략 중 하나는 최대의 유연성을 발휘하는 것이다. 즉, 당시에 적절해 보이는 방식이라면 그게 무엇이든 당면한 문제를 해결하는 데 최대한 활용하는 것이다.

너무 많은 대화로 인한 문제점은 소중한 자유와 유연성을 제한할 수도 있다는 것이다. 말은 우리를 옭아맬 수 있으며, 오늘은 옳아 보이지만 내일은 틀릴 수도 있다.

기원전 1세기에 번성했던 무언극 작가인 로마의 퍼블릴리어스 사이러스Publilius Syrus는 "말을 후회한 적은 있어도 침묵을 후회한 적은 없다"라는 말을 남겼다. 아마 시대를 막론하고 모두가 공감하는, 아침에 일어난 뒤 몰려드는 단순한 후회를 언급한 걸지도 모른다. "미쳤나 봐. 내가 왜 그런 말을 했지?" 하지만 그보다는 예상치 못한 사건의 변화로 발목이 잡혔을 때 몰려드는 후회를 가리킬 가능성이 더 크다.

"난 원래 마리를 별로 좋아한 적이 없어." 어느 날 우리는 주변 사람에게 이렇게 털어놓는다. 다음 날 예측 불가능한 삶의 변화 중 하나를 겪으며 마리가 우리에게 행운을 가져다줄 위치에 있음을 깨닫는다. 어제 왜 입을 다물지 못했을까?

"얼마를 받든 그 회사에서 일하지 않을 겁니다"라고 선언한다. 훗날 이 말은 '하지 않았더라면 좋았을 텐데' 하고 후회하는 대상이 된다.

"나는 그런 사람들을 상대하는 게 불편해."

"저는 그들이 프로젝트를 제대로 수행하지 못했다고 생각합니다."

사이러스가 깨달았듯 말은 우리를 괴롭힐 수 있다. 하지만 침묵은 대개 그렇지 않다.

그렇다고 해서 석상이 돼야 한다는 건 아니다. 빠른 흐름에 올라타려면 많은 사람과 접촉해야 하는데 이 과정에서 대화가 필요하다. 게다가 특정 사건에서 우리는 자신의 입장과 의견을 강하게 주장해야 하는 상황에 처할 수도 있다. 아홉 번째 법칙의 교훈은 가장 운 좋은 사람들은 '불필요한' 대화를 경계한다는 것이다. 그들은 특히 자신에게 개인적으로 중요한 주제를 이야기할 때 신중한 태도를 취한다. 꼭 드러내야 하는 의견 말고는 자기 생각을 더 말하지 않는다. 그럴 만한 이유가 없는 장소에서는 모든 걸 털어놓아야 한다고 자신을 다그치지 않는다.

보통 사람들은 그런 그들을 다소 신비스럽게 생각한다. "난 그 사람 머릿속에 뭐가 있는지 도통 모르겠어."

앞서 말한 캘빈 쿨리지는 오늘날만큼이나 수다스러운 시대에 살았다. 그는 절대 석상은 아니었지만 불필요하게 떠드는 것을 피했고, 그것이 그를 돋보이게 했다. 한편으로는 희화화의 대상이 되기도 했다. 소문에 따르면 모터 같은 입의 소유자였던 워싱턴의 한 여성이 어느 날 저녁 그를 집으로 초대해 신나게 떠든 다음, 이렇게 말했다고 한다. "당신이 나한테 말을 걸었으면 좋겠어요, 쿨리지 씨. 제가 당신한테 세 마디 이상은 못 끌어낼 거라며 친구가 내기하자고 했거든요!" 쿨리지는 냉정하게 대답했다. "당신이 졌군요."

그는 사실 그렇게 조용한 사람은 아니었다. 만약 세간에 알려진 것만큼 입을 꾹 닫고 살았다면 절대 빠른 흐름을 성공적으로 이용하지 못했을 것이다. 쿨리지는 필요한 행운의 기회를 끌어모을 만큼은 충분히 입을 열었다. 1898년 매사추세츠주 노샘프턴에서 젊은 무명 변호사로 일하며 성인으로서 첫걸음을 내디딘 그가 미국 대통령이 되기까지는 정확히 25년이라는 시간이 걸렸다. 그는 빠르고 유연한 행보를 통해 거의 힘들이지 않고 시장, 주 상원의원, 주지사, 부통령, 그리고 대통령에 이르기까지 여러 고위직을 거쳤다. 그는 선거에서 진 적이 없었고 이 사실에 사람들은 놀랐다. 쿨리지 아내의 전기 작가였던 미국의 신문 기자 이슈벨 로스Ishbel Ross는 "그가 앞으로 나아가는 방식에는 필연적인 면이 있었다"며, "지나치게 고군분투하거나 힘들여 움직이는 것처럼 보이지 않았다"라고 말했다.

인적 네트워크가 많은 일을 해준 덕분에 그는 안간힘을 쓸 필요가 없었다. 그는 늘 알맞은 시기에 적절한 장소에 있었다. '빠른 흐름'이라는 용어를 사용한 기록은 없지만 그가 계속 성공한 것은 자신이 구축한 매우 큰 네트워크 덕분이라는 점을 분명히 알고 있었을 것이다.

'쿨리지의 행운'은 그의 과묵함만큼이나 많이 회자됐다. 1920년 그가 미국 부통령으로 선출됐을 때 그의 젊은 법률 파트너였던 랠프 헤멘웨이Ralph Hemenway는 암울한 예언처럼 농담을 했다. "만약 내가 당신처럼 운이 좋다면 대통령 자리에 오르고 싶지 않을 것 같군요."

3년 뒤 워런 하딩Warren Harding 대통령이 사망했고 쿨리지가 그의 뒤를 이어 미국 대통령이 됐다.

쿨리지는 자신에게 가장 중요한 행운의 기회 중 일부가 다른 사람의 불운에 의존한다는 점이 걱정스러웠다. 그는 어쩌면 그런 기회 덕분에 삶에 빚을 지고 있는 걸지 몰랐다. 1915년 그는 매사추세츠주 부지사 후보로 지명된 직후 길을 건너다가 차에 치였는데, 그 와중에 한 여성과 부딪혀 그녀의 몸 위로 넘어졌다. 그 여성이 완충 작용을 해준 덕분에 그는 큰 충격 없이 가벼운 멍만 들어 금방 자리를 털고 일어났지만, 그 불행한 여성은 팔이 부러지는 등 심각한 부상을 입었다.

하지만 그런 종류의 행운은 아무 이유 없이 일어나는 무작위성을 띠며 통제도 할 수 없다. 이와 관련해 우리가 해야 할 말도, 취해야 할 태도 같은 것도 없다. 쿨리지의 삶에서 설명할 수 있는 행운의 주요 실타래는 그의 인적 네트워크와 과묵함에서 비롯됐다.

이슈벨 로스에 따르면, 쿨리지의 철학은 그가 노샘프턴 시장이었을 때 벽난로 위에 걸어두었던 우스꽝스러운 시의 한 구절에서 드러난다고 한다.

현명하고 나이 든 올빼미 한 마리 떡갈나무 위에 앉아 있네.
보는 게 많아질수록 그의 입은 무거워지네.
입이 무거워질수록 그의 귀는 더 많은 걸 듣네.
왜 우리는 저 늙은 새처럼 될 수 없는 것일까?

그리 위대한 시는 아니었다. 사교적이었던 쿨리지의 아내 그레이스가 이 시를 상당히 불쾌하게 여겼다는 증거도 있다. 그러나 이 문장들은 쿨리지가 평생 누렸던 행운의 원인 중 하나를 단적으로 드러낸다.

사람들은 과묵한 쿨리지를 좋아했다. 그리고 이 사실에는 아홉 번째 규칙의 교훈이 숨어 있다. 좋은 친구들과 자리를 함께하거나 넓은 인적 네트워크를 구축하기 위해 항상 입을 놀릴 필요는 없다는 것이다. 사실 오늘날같이 수다스러운 시기에는 사람들이 종종 침묵 속에서 오히려 기분 좋은 놀라움과 상쾌함을 발견한다. 말을 만들어내는 것만큼이나 상대의 말을 '경청하는 것' 역시 중요하다. 경청만으로도 친구를 사귈 수 있다. 멈추지 않는 대화는 사람들을 짜증 나게 하며, 그런 대화를 주도하고자 하는 사람들이 상대를 괴롭게 하는 경우를 쉽게 찾아볼 수 있다.

사람들은 쿨리지를 좋아했을 뿐 아니라 속을 알 수 없는 그의 면모에 흥미를 느꼈다. 그는 도대체 무슨 생각을 하고 있을까? 그가 입을 여는 순간이 아주 드물었기에 누구도 그의 속내를 알 수 없었다. 이렇게 가능한 한 말을 줄이는 성향 덕분에 그는 예상치 못한 사건에 유연하게 대처할 수 있었고, 그것을 행운의 징조로 바꿀 수 있었다.

매사추세츠 주지사로 있던 1919년, 그는 보스턴 경찰의 파업으로 전국적인 유명세를 떨쳤다. 쿨리지는 공공기관에서 일하는 직원들의 노조화에 관해 의견을 절대 많이 드러내지 않았다. 파업하겠다는 위협적인 분위기가 고조되자 노조 간부들에게 경찰 파업을 용납하지 않겠다고 경고했지만, 노조 간부들은 그의 말을 가벼이 넘겼다. 그것은 심각한 계산 착오였다. 놀랍게도 속내를 헤아리기 힘든 이 주지사는 파업한 사람들을 대상으로 파업에 관한 자신의 전권을 던졌다. 그들에게 더 안 좋았던 상황은 그가 의

도적으로 미국 노동총연맹의 회장인 새뮤얼 곰퍼스Samuel Gompers
와 공개 토론을 하며 이 문제를 국가적 이슈로 만든 거였다.

쿨리지는 "누구에게도 공공의 안전에 반하는 파업을 할 권리
는 없다"라고 단언했고 이에 대다수의 미국 언론과 대중이 환호
했다. 그 순간부터 캘빈 쿨리지는 대통령으로 향하는 여정에 올
라선 셈이었다.

이것이 바로 예기치 못했던 사건을 포착해 행운의 기회로 만
드는 좋은 예다. 쿨리지는 자신의 평소 신조를 유지했기 때문에
이런 행동이 가능했다. 그는 말을 많이 하지 않았다. 그는 불필요
하게 조직이나 지위에 맞춰 움직이지 않았다. 잠재적으로 행운이
내재된 사건이 일어났을 때, 그처럼 자유로운 상태를 '유지'했다.

그 사건은 그가 일종의 역할을 하도록 요구했고, 그는 요구된
역할을 명백하게 수행했다. 그는 평생 이런 식의 행동거지를 고
수했다. 필요할 때는 확실히 움직이려고 노력했다. 단, '꼭' 필요
할 때만 움직였다.

이런 식의 행동 방식이 쿨리지의 커리어 전반에 영향을 미쳤다.
그는 합당한 이유가 없다면 적을 만들지 않으려고 했다. 1920년
그가 대통령직에 도전할 첫 번째 기회를 맞이했을 때의 일이다.
당시 영향력이 컸던 상원의원 헨리 캐봇 로지Henry Cabot Lodge가 쿨
리지의 지명을 방해했고, 그 때문에 쿨리지는 워런 하딩 밑에서
부통령직에 만족해야 했다. 만일 그가 운이 좋지 않았다면 냉정

을 잃고 분노의 말을 퍼부어 로지를 평생의 적으로 만들었을 것이다. 그런 상황이라면 험악한 말 몇 마디 정도는 해도 된다고 느끼는 사람이 많겠지만, 쿨리지는 그러지 않았다. 이와 관련하여 미국의 27대 대통령 윌리엄 하워드 태프트William Howard Taft는 "쿨리지가 로지에게 가졌던 비밀스러운 생각은 글로 남기기에 적합하지 않다"라고 말했다. 요점은 쿨리지가 그 생각을 비밀로 했다는 것이다. 그는 자기 생각을 드러내서 좋을 것이 없다고 판단했다. 마음속 말을 겉으로 내뱉지 않았기 때문에 그 말들이 그를 괴롭히는 일도 없었다.

우리 삶을 채우지만 오직 운만이 결정권을 가진 예상치 못한 사건들이 이어지면서, 1924년에 로지는 쿨리지의 대통령 입후보를 지지하기 위한 일종의 편법을 찾아냈다. 만약 둘이 적대 관계였다면 로지가 그렇게 할 수 없었을 것이고, 쿨리지 역시 그의 도움을 쉽게 받아들일 수 없었을 것이다. 어쩌면 두 사람 모두 얕은 기회주의로 비난받았을지 모른다. 하지만 로지는 쿨리지를 통 크게 지원했고, 1924년 선거에서 쿨리지가 압도적으로 승리하는 모습을 자신의 두 눈으로 목격할 수 있었다.

캘빈 쿨리지는 어느 면에서 보나 가장 운이 좋았던 대통령 중 한 명이다. 그는 분명 운에 관해 많은 것을 알고 있었다. 물론 그가 '알고 있었거나 생각했던 것'일 뿐, 다른 누구도 그의 사정을 정확히 알지는 못한다. 그는 좋은 운을 부르는 아홉 번째 법칙의 대가였을 뿐 아니라 네 번째 법칙, 즉 운의 흐름을 잘라내는 기술도 완벽하게 다뤘다. 그는 자신의 생애에 가장 컸던 행운의 질주를 짧게 끊어냈다. 매번 질주가 절정에 달했을 때였고, 패배자들이라면 탐욕에 사로잡혀 차마 놓지 못했을 바로 그 시기였다. 그는 매번 훌륭하게 해냈다.

1925년 초부터 1929년 초까지 쿨리지가 대통령으로 재직한 4년간은 미국이라는 나라가 전례 없이 번창하던 시기였다. 전 세계적으로 드문 일이었다. '쿨리지 번영기Coolidge prosperity'라는 말이 보편적으로 사용됐고, 지금까지도 그 시기는 자본주의의 전성기로 불린다. 미국인들은 자신들에게 일어나고 있는 일을 믿기 어려워했고, 유럽인이나 러시아인들은 그저 놀라움에 눈을 부릅뜨고 지켜볼 따름이었다. 미국의 사업들은 순조롭게 발전했다. 미국의 공장 임금은 유럽 등지에서 받는 금액의 2배 이상, 그리고 노동자의 천국 러시아에서 벌 수 있는 금액의 6배 이상으로 치솟았다. 주식시장이 들썩였다. 1923년 제너럴모터스General Motors, GM의 보통주에 100달러를 투자했다면 1929년에는 2,150달러가 되어 있었을 것이다. 수천 명의 평범한 중산층 시민이 부자가 되어 가고 있었다.

살기 좋은 세월이었다. 그리고 대통령이 되기 좋은 시기이기도 했다. 그런 사회현상이 본인의 이름을 따 불리다니, 대통령으로서 이 이상 무엇을 더 바라겠는가.

만약에 있다면, 무엇이 있을까? 아마 많은 대통령이 '4년 더'를 외쳤을 것이다. 하지만 캘빈 쿨리지는 아니었다. 운에 관해 아주 잘 학습한 이 학생은 흐름을 잘라내는 능력을 또 한 번 발휘했다.

1927년 8월 어느 날 아침, 그는 몇몇 기자를 백악관으로 불러 "저는 1928년 대통령 선거에 출마하지 않을 겁니다"라는 놀라운 선언을 했다. 그게 다였다. 더 덧붙이는 말도, 부연 설명도 없다. "저는 출마하지 않을 겁니다"라는 간단명료하고 짧은 진술만 있을 뿐이다.

그가 한두 명의 친한 친구를 제외하고 누구와도 이 결정을 논의하지 않았다는 점은 도저히 헤아리기 힘든 이 남성의 성격을 그대로 보여준다. 많은 정치인과 여러 자서전 작가가 나중에야 하나둘 "아, 그가 몇 달 전 '저한테' 넌지시 귀띔을 해주었습니다"라고 말했다. 하지만 그런 주장의 진위는 누구도 알 수 없다.

그 발표에 누구 못지않게 놀란 사람이 바로 그의 아내 그레이스다. 그는 출마하지 않기로 결심했다는 사실을 아내에게조차 미리 알리지 않았다.

그는 사랑하는 뉴잉글랜드로 돌아갔다. 그리고 불운한 허버트 후버Herbert Hoover가 그의 뒤를 이어 대통령이 됐다. 후버가 취임한 지 몇 달 뒤 쿨리지 번영기는 비참하게 막을 내렸다. 1929년 후반에 주식시장이 폭락했다. 이듬해 말에는 미국과 대부분의 나라가 현대 들어 사상 최악으로 여겨지는 불황의 손아귀에 들어갔다.

운 좋은 쿨리지, 그는 이 최악의 상황에서도 빠져나갔다. 그는 만족했을까? 아무도 모른다. 그는 아무 말도 남기지 않았다.

대화가 모든 병의 치료제이며, 삶에서든 일에서든 천국으로 안내한다는 것이 현대 심리학에서 가장 중요한 가정이다. 지그문트 프로이트Sigmund Freud는 이 있음 직하지 않은 신념을 가진 사람이었다. 그는 괴로울 때 정신과 의사에게 이것저것 떠들어대면 낫는다고 가르쳤다. 그와 제자들 중 누구도 이 방법이 옳다는 믿을 만한 증거를 제시하지 못했지만 이는 서구 세계의 환상을 지배했다.

한편 조이스 브러더스Joyce Brothers 박사 같은 대중 심리학자는 계속해서 '의사소통'이 결혼 생활의 행복과 성적 황홀감, 그 밖에 우리가 원하는 모든 것의 열쇠라고 확신시킨다. 이 주제에 관해 쓴 그녀의 책을 보면 목록을 만드는 커플들이 등장한다. 커플들은 좋아하는 것과 싫어하는 것을 목록으로 정리한다. 왜 화가 났는지, 왜 슬픈지도 정리한다. 그런 다음 그들은 작성한 목록들을 앞에 두고 끊임없이 대화를 나눈다.

이런 행동의 일부 근거는 바로 우리가 감정을 '억누르는' 것이 나쁘다는 100년 된 가정에서 비롯됐다. 화가 나면 밸브를 열어 김을 빼고 압력을 줄여야 한다. 정신과 의사들은 프로이트 시절부터, 그리고 1960년대에 시작된 매우 수다스러운 시대까지도 정확한 근거를 내놓지 못한 채 주장을 계속해왔다. 만약 사람이 압력 탓에 증기로 가득 찬 그릇이라는 비유를 받아들인다면, 그 주장도 일리가 있을 것이다. 하지만 실제로는 거의 사실이 아니다.

코넬대학교를 비롯해 몇몇 기관에서 진행된 연구는 실제로는 그 반대가 맞는다는 점을 증명했다. 자신의 분노를 '억누르는' 사람들, 다시 말해 화를 다스리는 사람들은 어떤 큰 해도 입지 않는다. 반면 습관적으로 화풀이를 하는 사람들은 더 화가 나게 된다. 계속해서 자신의 환경을 자극하기 때문이다. 사람들을 맹렬히 비난함으로써 그들은 다른 사람을 분노하게 하고, 상대의 분노에 더 격한 분노로 응수한다. 울분을 발산하는 성격의 사람들은 끝없는 타격과 반격 속에서 살아간다.

반면 캘빈 쿨리지는 습관적으로 감정을 억제했다. 예를 들어 헨리 캐봇 로지와 같은 사람에게 분노를 느꼈대도 잠자코 있었다. 정신과 의사라면 분명 쿨리지에게 분노를 표출하라고 조언했을 것이다. 하지만 쿨리지는 더 많은 것을 알고 있었다. 그는 분노를 담은 그릇의 뚜껑을 덮었다.

그래서 어떻게 됐을까? 결과적으로 그는 대통령이 됐다.

그의 사적인 생활에서도 대화가 도움이 됐을 것 같지는 않다. 그와 그레이스는 '소통'을 많이 하는 습관이 없었고, 별것 아닌 것들을 목록으로 작성하면 즐거워질 거라고 생각하지도 않았다.

그들의 결혼은 너무 평온해서, 영부인의 초상화를 그리며 백악관에서 상주했던 화가 하워드 챈들러 크리스티Howard Chandler Christy가 크게 감동할 정도였다.

역사가들은 수년 뒤 칼리지가 아내에게 충실하지 못했다는 사실을 알게 됐다. 그레이스가 이 사실을 알고도 신경 쓰지 않았는지 아니면 무시하기로 했는지, 그것도 아니면 아예 몰랐는지 진실을 밝혀줄 결정적 증거는 없다. 어쩌면 그녀 역시 결혼 생활이라는 울타리 밖에서 즐거움을 찾았을지 모른다. 확실히 아는 사람은 아무도 없다. 다만 분명히 말할 수 있는 건 대화가 이 상황을 조금도 개선할 수 없었을 것이고, 오히려 더 악화시켰으리라는 점이다. 조용하고 말이 통하지 않는 결혼이었지만 그 나름대로 장점이 있었던 셈이다.

그렇다면 대화가 상황을 파괴한다는 건 어떤 뜻일까?

침묵은 우리가 원치 않는 위치에 갇히는 것, 또 알고 싶지 않은 사실과 감정을 드러내는 것만 막아주는 게 아니다. 침묵에는 또 하나의 큰 장점이 있다. 과도한 의사소통을 피함으로써 남들에게 상황을 설명하고 행동을 정당화할 필요성에서 해방된다는 것이다.

다른 사람의 의견은 우리를 혼란스럽게 하거나 비참한 기분에 휩싸이게 해 행동이 느려지게 만든다. 월스트리트에도 이와 관련해 전형적인 슬픈 이야기가 존재한다. 만성적인 패배자는 주식을 산 뒤 배우자에게 보여주면서 이 투자가 왜 그렇게 훌륭한지 설명한다. 불운이 도사리기 시작한다. 주가가 폭락한다. 다섯 번째 법칙인 운의 선택 기술을 적용해야 할 때다. 모험의 끝이 보이니 악운이 닥치기 전에 버려야 한다. 이제 팔아야 할 시간이다.

하지만 패배자가, 아니 이제 곧 패배자가 될 사람이 소통을 너무 많이 했다. 배우자가 야유한다. "당신 정말 주식 잘 골랐네요! 와, 전문가니까 그렇구나. 이 훌륭한 투자에 지금까지 6,000달러나 들였다니! 어떻게 이보다 더 기쁠 수 있겠어요?"

이처럼 노골적인 말로 비꼬지 않을 수도 있다. 그냥 표정이나 몸짓으로 암시할지도 모른다. 심지어 고의성을 띠지 않고 교묘하게 비아냥거릴 수도 있고, 그냥 패배자 자신이 '느끼는' 것일 수도 있다. 이런 건 별로 중요하지 않다. 중요한 것은 그 때문에 값진 다섯 번째 법칙을 쓸 수 없다는 점이다. 패배자는 "내가 잘못 생각했어"라고 말하는 것이 불가능하다는 걸 깨닫는다. 대신 그는 어쩔 수 없이 다음과 같은 입장을 취한다. "일시적인 현상이야. 기다려봐! 결국 내가 옳다는 걸 알게 될 테니까!"

하지만 그 소망은 산산이 부서진다.

인생은 운에 좌우되며 어떤 행동을 취해야 할지 절대 예측할 수 없다. 따라서 자신이 무얼 하고 있고 무얼 생각하고 있는지 가능한 한 적게 말하는 것이 최선이다. 그렇게 하면 나중에 어떤 행동이 필요할 때 논쟁을 벌여야 하는 사람은 자기 자신뿐이다. 때로는 그것마저도 매우 힘겹다.

뉴욕의 한 정신과 의사가 아들딸과 정말 많이 소통한 한 여성의 이야기를 들려주었다. 그 여성은 1560년 아이들이 초등학생이었을 때 끊임없이 소통하는 것이 얼마나 중요한지에 관해 들었다. 세상 모든 사람은 부모들이 아이들과 자주 '솔직한 대화'를 하는 것이 좋은 생각이라고 여기는 것 같았다. 선생님들도 그렇게 생각했고 학교의 심리 전문가들도 마찬가지였다. 잡지 기사들마저 끝없이 이 주장을 반복했기에 결국 그 여성도 이를 받아들였다.

세월이 흘러 이혼을 하게 됐을 때, 그 여성은 아이들과 솔직한 대화를 나눴다. 그녀는 홀로됐거나 이혼한 사람들이 활동하는 봉사 및 사회단체인 편부모 모임Parents Without Partners, PWP에 가입했고, 그 이유를 아이들에게 설명해야 한다고 생각했다. 새 남자 친구들을 만날 때마다 그녀는 아이들이 알아야 하는 것 이상으로, 아이들이 알고 싶어 하는 것보다 훨씬 더 많은 것을 이야기했다. 아이들은 엄마가 자신들을 조용히 내버려 두기를 바랐을지 모른다. 하지만 그녀로서는 좋은 부모라면 당연히 해야 한다고 생각한 행동을 했을 뿐이다.

'솔직한 이야기'라는 독단적인 신조는 1960년대와 1970년대에 PWP에서 발행하는 뉴스레터와 잡지에서 널리 다뤄졌다. 그러나 1980년경 많은 PWP 회원이 그 독단주의가 과대평가됐다고 느낀 것 같다. 몇몇 사람은 정말로 그 주장이 그냥 쓰레기라는 결론에 도달했다. 한 여성은 "제 사생활과 감정을 아이들과 논의하는 게 도대체 무슨 소용이 있을까요?"라고 쓰기도 했다. "이혼했다는 사실이 아이들의 삶에 직접적인 영향을 미친다면 아이들은 제 의견을 들을 자격이 있습니다. 하지만 제가 이혼한 '이유'에 관해서는 애들이 상관할 바 아닌 것 같아요."

단호하게 침묵한 그 여성은 운이 좋은 사람이었을지 모른다. 하지만 앞서 소개한 사례의 주인공은 운이 좋기에는 지나치게 수다스러웠다. 많은 동료 PWP 회원과 달리 그녀는 1980년대에도 쉬지 않고 소통했다. 그녀의 아들과 딸은 이제 성인이 됐는데도, 그녀는 남자들과의 만남에 관해 아이들이 원치 않는 자세한 부분까지 계속해서 털어놓았다.

그녀가 사소한 감정 이상으로 많은 걸 쏟아부은 한 남성이 있었다. 조기 퇴직한 전직 교사로, PWP에서 활동하다가 만났다. 두 사람은 함께 일을 하게 됐다. 얼마 후부터 그녀는 크리스마스 저녁 식사 같은 전통적인 가족 모임에 그를 초대하기 시작했다. 남성은 그녀가 사는 아파트로 자신이 이사하면 성적 욕구도 충족할 수 있고 집세를 분담할 수 있으니 재정적인 면에서도 좋을 거라고 제안했다.

　그녀는 아들과 딸에게 이 상황도 상세히 설명했다. 하지만 이는 실수였다. 이로써 그녀는 자신만이 가진, 그에 관한 큰 관심만으로 행동할 자유를 날려버렸기 때문이다. 아들은 은퇴한 교사를 마음에 쏙 들어 했지만 딸은 본능적으로 그 남성을 싫어했다. 엄마가 들려준 몇몇 이야기에서 딸은 그 남성이 재정적으로 궁핍하다는 사실을 눈치챘고, 그래서 어느 정도는 자신의 처지를 도와줄 누군가를 찾아 PWP에 가입한 게 아닌지 의심했다.

　"그 남잔 매력이 있을지 모르지만 돈 보고 결혼 상대를 찾는 사람일 뿐이라고요"라고 딸이 말했다. 아들도 동의하는 눈치였다. 하지만 그녀는 단호히 부인했다. 그녀는 "돈이 목적이었다면 나보다 더 돈 많은 주변 여자들을 노렸을 거야"라고 대꾸했다.

　딸의 말은 일리가 있었다. 엄마는 중산층 정도의 수입과 안정된 보금자리를 보유하고 있었는데, 전직 교사인 그 남성으로서는 가질 수 없는 수준의 자산이었다.

　자신이 그렇게 많이 투자한 남성에 관해 아들과 딸이 의심하지 않았으면 하는 마음으로 엄마는 남성의 제안을 받아들였다. 그것 말고 또 다른 이유도 있었는데, 아들과 딸에게 자신의 판단이 옳다는 걸 보여줄 심산이었다. 일테면 어느 정도는 반항하는 마음으로 저지른 행동이었다.

　만약 그녀가 자기 생각을 계속 혼자만 알고 있었다면 아무에게도 행동으로 보여줄 필요가 없었을 것이다. 그녀의 유일한 토론 상대는 그녀 자신이었을 것이다. 하지만 그녀는 자신의 삶에 다른 사람들의 의견을 끌어들였다. 그리고 그 의견들은 그녀가 자유로웠다면 선택하지 않았을지 모르는 방향으로 그녀를 밀어내기 시작했다.

상황은 악화됐다. 운이 나쁘게도 전직 교사는 그녀와 함께 살기 위해 이사 온 지 얼마 되지 않아 심장마비를 일으켰다. 다행히 심각한 것은 아니어서 빠르게 회복했다. 하지만 비용이 적지 않게 들어갔고, 가뜩이나 좋지 않았던 그의 재정 상태를 악화시켰다. 그는 자기 몫의 집세를 낼 수 없었고 심지어 생활비의 많은 부분을 댈 수 없었다.

이 여성은 능력을 발휘해 미리 가입했더라면 치료비에 도움이 될 수도 있었을 단체 의료 보험에 가입했다. 그러나 이 보험은 결혼한 상태가 아닌 상대에게는 돈을 주지 않았다. 이런 사정과 또 다른 이유를 들며 전직 교사는 둘의 결혼에 관해 말을 꺼내기 시작했다.

이제 그녀는 딸이 이야기한 의심스러운 부분 중 일부를 느끼기 시작했다. 매력적인 남성이긴 하지만, 단지 무임승차를 할 상대를 찾고 있었던 게 아닐까 하는 의심이 고개를 들었다. 이렇게 의구심이 증폭되는 상황에서 그녀는 지금까지의 투자를 포기하고 오래 끌어온 모험에서 손을 뗌으로써 그 이상의 손실을 줄여야 했다. 하지만 그녀는 아들과 딸에게 "내가 잘못 생각했어"라고 차마 말할 수 없었다. 그녀는 자신을 설득해 최고로 좋은 상황을 머릿속에 그렸고, 그 상황을 최면 걸듯 스스로 믿게 했다. 그녀는 낙관주의에 빠져들었고, 그 남성과 결혼했다.

상황은 비참하게 끝이 났다. 그 남성은 빈털터리가 됐을 뿐 아니라 빚더미에 올라앉았다. 채권자들은 이제 그의 새 배우자를 괴롭히기 시작했다. 그들이 요구하는 액수는 그녀가 평생 모아온 저축 금액보다 더 컸다. 결혼 생활은 금전적인 부담 속에 파국으로 치달았다. 결국 전직 교사는 다른 여자와 달아났고, 여성은 전보다 훨씬 더 가난해졌다. 가난해졌을지언정 어쩌면 더 현명해졌을지도 모르겠다.

그가 그녀와 같은 사람을 찾은 것이 원인이지만, 그녀 자신이 덜 수다스럽게 상황을 헤쳐나갔다면 그 정도로 비참한 상황은 피할 수 있었을지 모른다. 뉴욕 지역의 많은 PWP 회원에게 이 이야기를 해준 정신과 의사는 과도한 대화가 상처 많은 삶을 사는 많은 사람의 문제에 일정 부분 원인인 것 같다고 말했다. 그가 운의 관점에서 그 현상을 논한 건 아니다. 그는 가장 말이 많은 결혼이 종종 짧은 기간에 끝나는 것처럼 보인다고 했다. "이런 종류의 '솔직함'과 '개방적인' 식의 관계는 변덕스럽고 불안합니다. 한 순간에 날아가 버리는 경향이 있거든요."

이는 운 때문이다. 예상하지 못한 것들이 계속해서 끼어들어서

다. 일단 운이 항상 인생에서 지배적인 역할을 한다는 점을 깨달으면, 내가 어떤 말을 하든 자신에게 불리하게 작용하리라는 점을 알 수 있다. 오늘 안전해 보이는 발언일지라도 내일 변화된 상황에서는 위험해질 수도 있다. 오늘 다정하게 속삭인 친구가 당장 내일 적으로 돌아설 수도 있다. 올해 모험에 관해 너무 많은 말을 하다 보면, 내년에 그 모험에서 벗어나고 싶어졌을 때 그럴 자유를 자기 손으로 내다 버렸다는 사실을 뒤늦게 깨달을 수도 있다.

영원한 침묵의 서약을 해야 한다는 뜻은 아니다. 사람은 누군가와 일정한 관계를 맺어야 하고, 모험을 해야 하며, 주변 사람들과 대화를 해야 한다. 아홉 번째 법칙이 주는 메시지는 문제나 계획, 감정에 관한 불필요한 이야기를 삼가라는 것이다. 무슨 말을 하려고 할 때, 말을 해야 하는 합당한 이유가 없다면 그냥 입을 다물어라.

10장

열 번째 법칙

·

교훈이 되지 않는
경험을 인정하라

살다 보면 교훈처럼 보이지만 실상은 그렇지 않은 경험이 있다. 운 좋은 사람들의 주목할 만한 또 하나의 특징은 아무것도 배울 게 없는 것이 뭔지 안다는 점이다.

"두 번 연속 주식시장에 좋은 감이 왔는데도 사지 않았어. 그런데 그 빌어먹을 주식이 2배로 뛰었지 뭐야. 이번 기회에 확실히 알았어. 다음에 또 그런 느낌이 오면 가진 거 전부 걸 거야!"

정말 좋은 교훈을 얻은 것일까? 아니다. 오히려 재앙의 씨앗이 될 수 있다. 이런 상황에서 행운을 얻는 투자자가 있는 반면, 불행을 겪는 투자자도 있다.

"두 번 결혼했는데 둘 다 날 속였어. 다시는 남자를 믿지 않을 거야."

"이제 알았어요. 마리와 함께 있을 때마다 이기더라고요. 그래서 이제부터는…."

"제가 직장을 그만둘 때마다 인사이동이 있고 다들 승진하는 것 같아요. 그래서 저한테도 그런 일이 일어날 때까지 이번 직장에서는 버텨보려고요."

이것들은 모두 교훈이 아니다. 운과 계획을 명확히 구별하라는 첫 번째 법칙으로 돌아가 보자. 누구의 통제도 받지 않는 무작위 사건으로 어떤 결과가 만들어질 때, 즉 우리가 운으로 정의할 만한 사건일 때 그 결과에서 어떤 교훈을 얻어야 할지 매우 신중히 정해야 한다. 살면서 일어나는 우연한 일에서 습관적으로 잘못된 교훈을 얻는 것이 불운한 사람들의 특성이다.

그들은 종종 교훈이 되지 않는 경험들을 부풀려 부적절하게 일반화한다. 특정한 사람과 관련해 몇 번 어떤 사건이 일어나면, 그런 부류의 사람을 모두 포함해 뭉뚱그려 생각하는 전면적인 일반화가 그 예다. 구체적인 예를 들자면 불행한 결혼 생활로 여러 번 안 좋은 경험을 한 일부 여성이 그렇다. 이를 일반화하면 '모든 남자는 믿을 수 없다' 또는 '알고 보면 모든 남자는 강간범이다'가 된다. 이와 유사하게 이혼한 일부 남성은 모든 여성에 대해 몹시 비판적이다. 그들은 말한다. "여자를 믿지 마. 틈만 보이면 네가 가진 걸 전부 훔쳐갈 테니까."

226

사는 동안 그런 사람을 만나는 건 커다란 불운이다. 만약 그런 일이 일어난다면 그 경험에서 오해의 소지가 있는 교훈을 얻지 않는 게 중요하다. 교훈이 되지 않는 경험임을 인지해야 한다는 뜻이다. 그런 경험에서는 불운이 발생했다는 것 외에는 배울 게 아무것도 없다.

그런 잘못된 교훈을 심각하게 받아들이는 것은 크게 해로울 수도 있고 그렇지 않을 수도 있다. 좋지 않은 상황에서는 그로 인해 무력감을 느낄지 모른다. 만약 몇 번의 불행한 경험 때문에 빠른 흐름에서 물러난다면 불운으로부터 자신을 보호할 수는 있지만, 행운에서 자신을 밀어내는 형국이 될 수도 있다.

교훈이 되지 않는 경험들은 종종 지난 일이 반복되리라는 믿음에서 비롯된다. 이런 믿음을 가진 사람들은 과거를 학습하면 미래에 도움이 될 구체적인 교훈을 얻을 수 있다고 여긴다.

똑똑한 사람 중 일부도 이 기이하고 독단적인 신념에 동의한다. 그들은 '역사에서 교훈을 얻지 못하면 실수와 실패를 반복하게 된다'라는 의미가 담긴 말을 즐겨 쓴다. 이 문장은 19세기에 여러 정치가가 쓰곤 했는데, 결과적으로 볼 때 그들 역시 더 이전에 살던 누군가의 문장을 표절한 것일지도 모른다. 똑똑하기는 한데, 정말 그것이 진리일까? 불행히도 아니다. 가장 모호하고 일반적인 것만 제외하면.

역사는 단순히 반복되지 않는다. 사실 무엇 때문에 반복되겠는가. 역사는 수십억 명의 사람이 각자 주어진 시간에 행동하고 생각하고 느끼는 것들로 만들어진다. 따라서 끊임없이 변화하며, 전혀 예측할 수 없는 성질을 지녔다. 교훈이라고? 헨리 포드Henry Ford는 이렇게 일갈했다. "역사는 엉터리다."

분명 저 믿음은 '전쟁은 지옥이다'와 같이 거대하고 일반적인 교훈을 남길 수 있다. 하지만 그렇다고 그것이 전쟁을 피하는 법을 가르쳐줄까? 당연히 그렇지 않다. 만약 그랬다면 세상은 늘 평화로웠을 것이다. 역사를 공부하고 "아, 그래. '그렇게' 하는 거구나!"라고 단순히 말할 수 있었다면 전 세계는 일찌감치 어떤 상황에서든 평화를 선택하지 않았을까.

하지만 불행하게도 역사는 그런 교훈을 제공하지 않는다. 모든 전쟁은 실수와 불운, 적대적인 상대에 대한 반응, 그 밖의 다양한 요소가 독특하게 조합되어 일어난다. 이 조합은 결코 반복되지 않는다. 과거를 공부한다고 해서 전쟁을 포함해 미래에 직면할지 모르는 상황을 예방하는 데 도움이 되는 건 아니다.

우리의 사생활이나 재정적인 측면에서도 마찬가지다. 분명 과거의 경험으로부터 얻을 수 있는 교훈들이 있고, 때로는 매우 유용하다. 예를 들면 기록을 참고해 개인이 미래에 할 행동을 판단할 수 있다. '그가 과거 비슷한 상황에서 어떻게 행동했을까?' 같은 개인에 관한 정보를 축적하면 그 사람을 믿을 만하다는 결론을 얻게 되기도 하고, 이런 신뢰 없이는 삶이 절대 제대로 굴러가지 않는다. 우리 삶에서 중요한 역할을 하는 사람들에 관해 더 많은 '역사'를 수집할수록 우리는 그들을 더 많이 신뢰하게 된다(때에 따라서는 그들을 신뢰하지 않게 되기도 한다). 개인에 관한 이런 역사적 교훈이 흠잡을 데 없는 건 아니지만 종종 옳은 것으로 밝혀져 일상에서 누군가를 대할 때 유용하게 쓰인다.

그러나 역사에서 교훈이 되지 않는 경험을 조심해야 한다. 세계적인 금융 회사 메릴린치의 한 회계 담당 임원이 금 거래와 관련하여 확실한 시스템을 가지고 있다는 한 고객의 이야기를 들려주었다. 그 고객은 수년간의 기록을 되짚어보며 금시장의 중요한 가격 변동 추이를 공들여 정리했다. 금값의 주요 변동 시기에 금융계에서 어떤 일이 일어났는지에도 주의를 기울였다. 그런 다음 이 철저한 역사로부터 다가올 가격 변동의 '지표'라고 불릴 만한 것을 도출해냈다. 그는 금 시세가 큰 상승률을 기록하기 직전에는 경기방어주의 상승에도 불구하고 주식시장이 침체되어 있었고, 채권 수익률은 일정한 패턴으로 지그재그 상승을 기록했으며, 부동산은 하락장에서 회복되고 있었다는 특정 상황에 주목했다. 그는 금으로 돈을 벌기 위해서는 자신이 세운 지표에서 앞서 말한 대부분의 징조가 나타날 때까지 기다렸다가 사들이기만 하면 된다고 말했다. 역사가 반복되리라는 이론을 토대로 한 것이다.

메릴린치 임원은 이렇게 말했다. "그가 꽤 괜찮아 보이는 차트

자료를 가지고 있었어요. 제 눈에도 얼핏 쓸 만해 보였습니다."

하지만 불행하게도 그 차트는 효과가 없었다. 한 개인이 어떤 행동을 할지는 예측할 수 있을지 모르지만, 많은 사람이 어떤 행동을 할지 예측하기는 쉽지 않다. 금이나 주식, 부동산 등의 가격은 수백, 수천만 명에 이르는 사람들의 감정과 생각과 행동이 어우러진 최종 산물이다. 그 최종 산물을 결정하는 요소들, 즉 특정한 날의 가격을 결정하는 요소들은 너무나 많고 놀라울 만큼 복잡해 우리의 통제 능력과 예상을 완벽히 넘어선다. 즉 운이 지배적인 영향력을 행사하며, 역사의 어떤 한 부분이 운의 영향을 받을 때 이것이 확실히 반복되리라고 기대하긴 어렵다.

흠잡을 데 없는 금 거래 시스템을 보유했던 남성은 이 사실을 깨닫지 못했다. 그는 유용한 교훈을 얻고 싶은 마음에 지나간 역사를 샅샅이 뒤졌다. "어디 보자. '이것'과 '이것', 그리고 '이것'이 금값이 오르기 전에 일어나는 일들이군."

그가 정리한 것은 교훈이 되지 않는 역사였다. 사실 그의 지표는 과거 여러 차례의 금값 상승기에서라면 도움이 됐을 수도 있다. 이유가 무엇일까? 이유는 없다. 그냥 운이었다. 순전히 무작위적인 우연이 역사를 반복하게 했거나 아니면 반복되는 것처럼 보이게 했다. 그런데 미래에도 그런 일이 일어나리라고 믿을 만한 합당한 이유가 있을까? 아니, 그렇지 않다.

그 남성은 적절한 시기라고 판단됐을 때 금을 최대한 사들였다. 하지만 결국 잘못된 선택이었던 것으로 드러났다. 금값은 계속 하락하기만 했다. 만약 그가 다섯 번째 법칙, 즉 운의 선택에 통달했다면 그런 상황에서 잘 빠져나왔을 것이다. 하지만 그에게는 자신을 구해낼 기술이 없었다. 몇 년이 지났지만 그는 여전히 손실을 만회하기 위해 기다리고 있다.

역사적 결과가 운에 의한 것인지 아니면 사람의 특정한 성격처럼 좀더 믿을 만한 것에 의한 것인지 어떻게 알 수 있을까? 한 가지 좋은 방법은 원인과 결과 간에 명확히 눈에 보이는 연결고리가 있는지 살피는 것이다.

사람의 성격을 예로 들자면, 성격 자체가 연결 메커니즘에 해당한다. 메리 스미스Mary Smith라는 여성의 얘기를 해보겠다. 그녀는 타고난 성격에 따라 특정한 방식으로 반응했다. 다음 주에 같은 상황이 일어난다면 그녀가 이번 주와 똑같이 행동할 거라고 합리적으로 예상할 수 있다. 이렇게 당신은 속아 넘어갈지 모른다. 하지만 여기에는 사람이 겪는 모든 현상이 그렇듯, 운의 요소가 존재한다. 메리 스미스의 성격은 시간이 흐르면서 변할 수도 있고, 특정 상황에서 성격에 맞지 않게 행동할 수도 있으며, 우리가 그녀의 성격을 애초에 잘못 읽었을 수도 있다. 그래도 여기서는 운의 요소가 크지 않다. 메리의 성격을 바탕으로 한다면 제대로 예측하고 판단할 가능성이 매우 크다.

그러나 절대 틀릴 리 없다고 했던 금 거래 시스템의 경우, 원인과 결과 간에 명확한 연결고리가 없었다. 그 남성은 단지 과거 몇차례 주식시장의 특정 사건과 금값 사이에 관계가 있는 것 같다는 걸 알아냈을 뿐이다. 그렇다면 그건 어떤 관계였을까? 무엇이, 그리고 어떻게 발생했을까? 그는 알지 못했다. 따라서 시스템이 기대한 대로 작동할 리가 없었다.

카지노에서는 사람들이 이와 유사한 경험을 하는 광경을 매일 목격할 수 있다. 그들은 몇 주 동안 특정 슬롯머신이나 룰렛 휠을 지켜본다. 심지어 어떤 사람은 작은 노트에 관찰한 바를 기록하기도 한다. 그런 다음 자신들의 유희에 도움이 되게 하려고 그기록에서 교훈을 짜낸다. 이들 중 일부는 매우 복잡한 반면, 일부는 무척 단순하다. 예를 들어 룰렛을 유심히 관찰한 사람은 휠에 숫자 6이 포함된 열이 나타날 때마다 그다음에는 숫자 28이 나타난다는 점을 알아낸다. "이거야!" 하고 관찰자는 자신이 아무도 모르는 위대한 진실을 발견했다고 확신한다. 이제 그는 6이 나타날 때까지 기다렸다가 28에 돈을 건다. 이걸 보고 카지노에서는 또 한 명의 호구가 나타났다며 회심의 미소를 짓는다.

이 관찰자의 계산은 순전히 운에 의해 만들어진 역사의 한 조각에 기초했다. 몇 번에 걸친 6과 28의 집합은 무작위적이고 우발적이었다. 같은 역사가 다시 반복되리라고는 도저히 기대할 수 없다. 그런 일이 반복된다고 하더라도 순전히 행운의 연장선에 지나지 않는다. 하지만 네 번째 법칙을 살펴보며 느꼈듯, 운의 질주는 길기보다 짧을 가능성이 훨씬 더 크다.

나는 오랫동안 룰렛 휠과 로또에서 숫자 6과 28에 초점을 맞춰 게임을 해왔다. 하지만 이는 엄밀히 말해 일곱 번째 법칙, 즉 건설적인 초자연주의를 따른 것이다. 앞서 언급했듯 생일이 6월 28일이기 때문에 나는 이 둘을 행운의 숫자로 여긴다. 이 숫자들은 룰렛 휠에 존재하는 단 2개의 완전수다. 이 사실 때문에 나는 6과 28에 완벽히 애정을 느낀다. 게임에 참여하지 않을 때도 항상 이 숫자들에 관심을 가지게 된다. 이 숫자들이 명백하게 행운의 질주와 관련된 상황을 볼 때면, 도움이 되지 않는 경험에서 교훈을 짜내고 싶다는 강한 유혹을 느낀다. "저 숫자 둘은 '항상' 돈을 부른단 말이지!" 하지만 우리는 이런 유혹에 맞서야 한다.

몇 년 전 뉴저지주에 출장차 갔을 때 신문을 보다가 어떤 복권의 당첨번호가 628이라는 사실을 알게 됐다. 내가 복권을 산 게 아니라서 이 사실은 나에게 아무런 재정적 도움이 되지 않았지만, 그래도 나는 행복해졌고 조그만 흥분까지 느꼈다. 몇 주 뒤에는 고향 코네티컷주에서 286명이 그 주의 일일 복권 당첨자로 발표됐다는 걸 알고 깜짝 놀랐다.

행운의 여신이 내게 신호를 보내려던 걸까? 이런 생각에 솔깃

했다. 하루 뒤 조간신문 금융 면을 훑고 뉴욕증권거래소의 전날 시황을 유심히 살피는 동안, 그 유혹은 거의 나를 삼켜버릴 지경에 이르렀다. 몇 달 동안 지켜보던 종목이 있었고, 그 종목을 살 생각도 했다. 결국 성공 가능성이 별로 크지 않다고 판단했지만 여전히 그 생각을 머릿속에서 지울 수 없었다. 그날 주식을 확인했을 때 가장 먼저 눈에 들어온 건 거래량에 들어 있는 628이라는 숫자였다.

이 얼마나 유혹적인가! 그 행운의 숫자들은 내가 지켜보는 동안 최근 역사에서 두 번이나 당첨의 신화를 써 내려갔다. 이런 일이 세 번째 일어날 수 있을까? 운의 질주가 계속될까?

나는 자신을 단단히 다잡으며 '안 된다'고 말했다. 운이 좋으려면 아무런 교훈이 될 수 없는 경험이 무엇인지 구별해내야 한다. 그 숫자들이 지난 며칠 동안 행운의 현장에 출현한 것은 사실이지만, 미래에 관한 교훈을 제공하는 건 아니다. 나는 주식을 사지 않았다.

나는 운이 좋았던 것으로 판명됐다. 몇 주 지나지 않아 나쁜 실적을 기록했다는 소식이 시장에 전해지면서 그 종목은 가격이 급락했고, 지금까지도 하락세가 이어지고 있다.

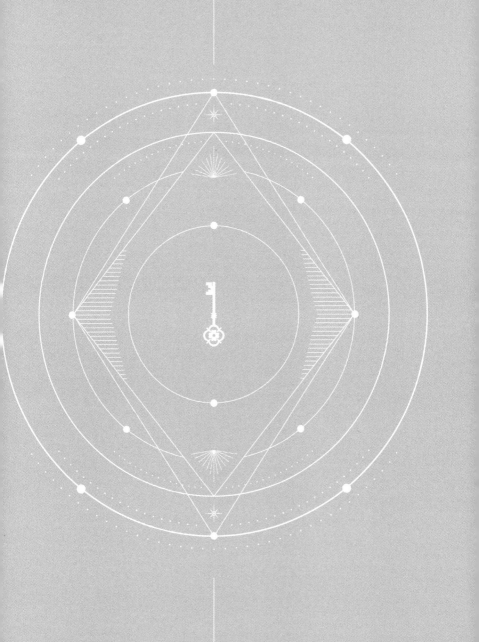

11장

열한 번째 법칙

•

세상은 불공정함을
받아들여라

랍비 해럴드 쿠시너Harold Kushner는 자신이 항상 본질적으로는 흠잡을 것 없이 살았다고 믿었다. 그도 인간이기에 분명 신의 법과 인간의 법 중 일부를 어기긴 했지만, 그렇다고 크게 잘못하진 않았다. 그는 대체로 자신이 좋은 사람이라고 생각했다. 그는 분명 대부분의 사람보다 더 고결했다. 인간적인 결점과 잘못이 아예 없진 않았어도 끔찍한 벌을 받을 이유는 없었다.

하지만 그에게 끔찍한 벌이 내려졌다. 더 나쁜 건 그가 직접 벌을 받은 게 아니라 그의 아들, 무고한 아이 아론에게 처벌이 가해졌다는 점이다.

아론이 세 살이 됐을 무렵 의사들은 아이가 선천성 조로증, 즉 빠른 노화 질환을 앓고 있다고 진단했다. 쿠시너와 그의 아내는 알려진 치료법이 없다는 말을 듣고 절망했다. 그들의 어린 아들은 자라서도 키가 1미터를 넘지 못할 것이며 머리카락도 나지 않을 것이다. 또 아직 아이인데도 쭈글쭈글한 얼굴로 클 것이며 아마 10대 초반을 넘어서면 목숨을 부지하기 어려울지도 모른다. 이 절망스러운 예측은 모두 그대로 일어났다. 아론은 열네 살의 나이로 세상을 떠났다.

슬픔과 분노로 가득 찬 쿠시너는 자문했다. 왜 이런 일이 일어난 거지? 왜 나와 내 가족에게 이런 일이 일어난 거야? 그것도 어린아이에게? 도대체 왜 그런 거냐고!

그럴듯하고 이해할 만한 답을 찾던 그는 고난과 함께 기나긴 지적 여정을 시작했다. 그는 1981년에 펴낸 책 《착한 당신이 운명을 이기는 힘When bad things happen to good people》에서 자신이 걸어온 길을 그렸다. 여정의 끝에서 그는 그토록 찾던 답이, 가능했던 모든 답변 중 가장 간단하지만 신앙인으로서 가장 믿기 어려운 것이었다는 사실을 깨달았다. 그 답은 다음과 같다. 아들의 고통은 전혀 이유 없이 생긴 것이었다. 그냥 불운이 닥친 것에 불과했다. 그리고 불운은 그냥 불운일 뿐이었다.

이는 대부분의 성직자가 깨우치는 진리도, 신도들에게 해주는 대답도 아니다. 그렇다고 성경에서 주장하는 진실도 아니다.

성경은 신이 공정하게 세상을 다스린다고, 그것도 한 번이 아니라 수차례에 걸쳐 말한다. 〈욥기〉에서는 '생각하여 보라. 죄 없이 망한 자가 누구인가, 정직한 자의 끊어짐이 어디 있는가' 하고 묻는다. 그리고 〈잠언〉에서는 '의인에게는 아무 재앙도 임하지 아니하려니와 악인에게는 앙화가 가득하리라'라고도 말한다.

유감스럽게도 나는 그것이 사실이 아니라고 믿는다. 내 생각에 성경에는 희망적인 말이 많이 실려 있는데, 특히 이런 점이 적나라한 예 같다. 그런데 현실을 보면, 때때로 불행이 의로운 자에게 닥치고 악한 자가 행복하게 살기도 한다. 선과 악, 그리고 그 사이에 있는 사람 모두가 가장 간절한 꿈을 이루거나 암에 걸릴 가능성이 똑같다는 얘기다.

이런 내 주장을 기억해두기 바란다. 그 이유는 나중에 다루기로 하고 일단 이 말을 마음속에 단단히 새겨두자. '사실 공정성은 인간이 만든 개념이다. 우주에 사는 나머지 생명체는 공정성이라는 개념조차 전혀 알지 못한다.'

랍비 쿠시너가 이 결론에 도달하기까지는 오랜 시간이 걸렸다. 그러는 동안 그는 불운에 관한 12개 이상의 종교적인 설명을 깊이 고려하고, 때로는 거부해야 했다. 그것은 그의 신조(복음과 혼동하지 말 것)이기도 했기 때문에 그는 항상 이를 진리로 가정했다. 우리는 모두 어렸을 때 이런 설명을 들으며, 거의 모두가 처음에는 잠시 동안 믿는다. 그러나 나는 지속적으로 운 좋은 사람들은 결국 랍비가 그랬던 것처럼 그 설명을 거부하는 경향이 있다고 생각한다.

가장 흔한 종교적 설명 세 가지만 들어보겠다. 신이 우리에게 불운을 보내 단죄하거나, 도덕적인 교훈을 일깨우거나, 아니면 우리의 인품을 강하게 단련시킨다는 것이다.

이 모든 설명은 쿠시너의 말에 따르면 '신의 명예를 수호하기 위해' 의도된 것들이다. 정말 신이 공정하냐고 의심하는 사람들을 설득하기 위한 것이다. 신이 불공정해 보이는 유일한 이유는 우리가 너무 어리석어서 그의 훌륭한 계획과 목적을 이해하지 못하기 때문이라는 것이다.

하지만 왜 세 살짜리 아이가 치명적인 병에 걸리는지 물어볼 수는 있지 않을까? 만약 그 어린 소년이 어떤 죄를 지었다고 하더라도 가볍게 나무라는 것만으로 충분하지 않았을까? 만일 그의 아빠가 벌을 받아야 하는 사람이라면, 그리고 그의 죄가 사형을 선고받을 만큼 악하다면 왜 아이에게 선고가 내려졌을까? 어찌 됐든 왜 죄악으로 추정되는 것의 본질에 관해 아무런 설명도 해주지 않았을까? 어떤 교훈을 얻어야 하는지 말해주지 않고 누군가를 처벌하는 일이 어떻게 우리에게 도덕적인 교훈을 줄 수 있을까? 분별 있는 부모들은 아이를 훈육할 때 아이가 왜 꾸중을 듣는지 이유를 분명히 알려줘야 한다는 걸 잘 안다. 신은 분별력이 부족한 것일까, 아니면 공정하지 않은 것일까? 그 벌이 아론의 인품을 단련하다 못해 결국 죽음으로까지 몰아갔는데, 그럼 그건 어떻게 된 거냐며 의문을 가질 만하지 않은가?

그 질문에 대한 답변으로 전 세계 설교가들의 종교적 궤변 수백만 개를 들을 수 있었다. 목사와 사제, 랍비들은 모두 같은 방식으로 이 질문에 답한다. "신은 '너무도' 공정합니다! 신이 가진 이유를 당신이 이해하지 못할 뿐이에요!"

앞서 살펴봤듯 쿠시너는 더 간단하고 더 진실한 설명에 도달했다. 더 진실하다고 표현하는 까닭은 그것이 인간 삶에서 명백하게 관찰할 수 있는 사실들로 뒷받침되기 때문이다. 랍비의 신학에서 신은 공정할 수 있지만 모두가 늘 생각해온 것만큼 강력하지는 않다. 신은 우리에게 일어나는 모든 일을 통제하지 않거나 통제할 수 없다. 우리 삶은 무작위로 일어나는 사건들로 가득 차 있다. 그러므로 만약 치명적인 병에 걸리거나 100만 달러짜리 복권에 당첨된대도 그 사건에서 신의 조화를 찾으려 하지 말자. 신이 만들어낸 것이 아니다. 신은 아무것도 유발하지 않았다. 그저 그 사건은 '일어난 일'일 뿐이다.

랍비 쿠시너는 신이 여전히 혼돈으로부터 질서를 창조하는 과정에 있을지 모른다고 생각했다. 천지창조로부터 6일이 지난 지금은 여전히 금요일 오후다. 신이 지금부터 몇십억 년 뒤에 우주를 바로잡을 수도 있고, 그러면 우리 삶이 질서정연하고 공정해질 것이다. 그때까지 우리는 주변에서 일어나는 사건들과 맞부딪쳐야 한다.

원하지 않는다면 랍비의 신학을 받아들이지 않아도 된다. 본질적으로 운에 관한 우리의 연구와 관련이 없기 때문이다. 우리 인간의 삶에서 관찰 가능한 사실들은 신이 점심을 먹으러 나갔다거나, 죽었다거나, 애초에 존재하지 않았다는 가정으로도 설명될 수 있다. 아니면 우리만의 신학을 발견해내도 좋다. 우리가 편안함을 느끼고 또 사실이 왜곡되지 않는 한, 우리가 믿는 신학이 어떤 것인지는 중요하지 않다.

아무리 진지하게 이야기해도 사실은 변하지 않는다. 우주는 공정하지 않으며, 그 사실을 두고 사람들은 애써 맞서지 않는다. 그 진실에 대해 다투는 대신 그저 받아들임으로써 우리는 지속해서 운이 좋아지는 길에 한 걸음 더 가까워질 수 있다. 반대로 그 사실과 논쟁한다면 불운을 불러오게 될 것이다.

불운한 사람들이 흔히 하는 행동 중 한 가지가 바로 자신의 불운에 대해 자신을 벌하는 것인데, 이는 불운을 더 강화한다. 그런 사람들은 미끄럼틀을 타고 바닥으로 치달으며, 때로는 그 상태로 삶을 마감할 수도 있다.

나는 대학 동기들과 함께 인생 이야기를 하는 동안 이런 현상이 유독 두드러진 사례를 알게 됐다. 나는 제2차 세계대전이 일어난 직후 프린스턴대학교에 진학해 1949년에 졸업했다. 함께 졸업한 이들을 '포티나이너스Fortyniners'라고 부르는데 모두 남자들이다. 프린스턴대학교는 우리가 졸업한 지 정확히 20년이 지나서야 여성을 학부생으로 받아들이기 시작했다. 어쨌든 50대 후반에서 60대 초반이 되어 다시 만난 우리는 함께 대학 생활을 되돌아봤다. 우리는 어느 정도 자기성찰적인 성향의 무리였기 때문에 각자 그동안 어떻게 지냈고 어떤 생각을 하고 있었는지 되돌아보기 위해 종종 자신에 관한 설문조사를 해보곤 한다. 내가 서기를 맡았고, 운 좋았던 학생 중 한 명으로서 설문조사 결과를 정리하며 동기들과 그들의 아내를 인터뷰하기도 했다. 이 조사 및 인터뷰와 관련한 내 자료들은 행운에 관한 흥미로운 교훈을 담고 있다.

750명이 넘는 학생들은 졸업장을 쥐고 캠퍼스를 떠나 매우 다양한 삶을 살아왔다. 폴 볼커Paul Volcker 연방준비제도이사회FRB 의장, 브렌던 번Brendan Byrne 뉴저지 주지사 등 몇몇은 전국적인 명성을 얻었고 나를 포함해 몇몇은 어떤 명성도 없이 평범한 행운을 누리고 있다. 반면 100명이 넘는 사람들이 전쟁이나 그 밖의 우연적인 상황 또는 질병 때문에 이른 죽음이라는 궁극적인 불행을 겪었다. 나머지 포티나이너스들도 이런저런 형태로 불운을 맞이했을 것이다.

내가 하고 싶은 이야기의 주인공은 후자 중 한 명이다. 존과 메리라고 불리는 이 남성과 그의 아내는 1950년대 초 성당에서 결혼식을 올렸다. 당시 그들은 특별히 독실한 가톨릭 신자는 아니었다. 자신들의 종교적 성향을 의심하진 않았지만(만약 종교가 뭐냐는 질문을 받으면 그들은 주저 없이 '가톨릭'이라고 대답할 것이다) 교회의식과 형식에 관해서는 꽤 무심한 편이었다. 전날 밤늦게까지 파티를 벌였던 날에는 주일 아침 예배를 생략하기도 했고, 성체 성사 같은 종교의식에 성실히 참여하지도 않았다. 이는 존보다 메리를 훨씬 더 괴롭혔다. 메리는 종종 자신들이 순전히 게으름 때문에 삶의 좋은 부분을 잃고 있다고 말했다. 그러면 존은 이에 동의하고 어깨를 으쓱해 보였지만 다음 주 일요일에 그들은 또 미사를 거르곤 했다.

이렇게 서서히 종교적으로 헌신적인 마음을 잃어갔음에도 두 사람 모두 하느님이 공정하게 우주를 다스린다는 믿음에 굳게 매달렸다. 이는 모든 천주교 신자 어린이가 교리 수업에서 사제들과 수녀들에게 배우는 종교적 가르침 중 하나다. 인간의 삶에서 어떤 일이 일어나든 모두 하느님의 뜻이다. 우연한 상황에서 행운을 원한다면 기도를 해라. 만일 하느님이 우리가 보상받을 자격이 있다고 판단하면 기도를 들어줄 것이다. 반대로 불운이 닥친다면 그것도 신의 뜻이다. 우리는 시험을 치르고 있거나 인품을 단련하고 있거나, 그것도 아니면 벌을 받는 중일 것이다.

존과 메리에게는 사랑하는 딸이 있었다. 딸이 교리문답이 지루하다고 선언하자 부부는 더는 교리 수업에 참석하라고 강요하지 않았다. 그들 역시 경험상 암기식 교리 수업이 무척 지루하다는 걸 알고 있었기 때문이다. 그래서 존과 메리의 딸은 적극적으로 신앙 활동을 하지 않는, 이름뿐인 가톨릭 신자로 자랐다.

바로 그 딸이 여덟 번째 생일 직후, 만일 평범한 종교인으로서의 과정을 따랐다면 첫 번째 성체 성사를 받았을 바로 그날 납치되어 강간당한 후 살해됐다.

무시무시한 불운이 닥친 것이다. 우연히 딸이 범죄가 일어난 장소에 있었다는 것 말고 다른 이유라곤 아무것도 없이 악은 무작위로 무고한 희생자를 낚아챘다. 존과 메리는 이토록 불공정한 우주를 받아들일 수 없었다. 어릴 때부터 자신들에게 주입된 신학에 따르면 신은 어디에나 존재했다. 이 관점을 유지하며 그들은 딸의 끔찍한 죽음을 자신들의 잘못으로 받아들였다. 신이 자신들의 경건하지 못한 신앙심에 벌을 주었다고 생각했다.

어떤 일이 순전히 불운 탓에 일어났다는 걸 알게 되면 우리는 더 큰 고통을 겪는다. 그 일을 놓고 자책하다 보면 불운이 우리를 파괴할 수도 있다.

비극이 일어나기 전 둘 중 더 신실하지 않았던 존의 반응이 더 강렬했다. 그가 너무나 독실해졌기 때문에 메리가 그를 오히려 반대 방향으로 이끌려고 할 정도였다. 그녀는 나중에 "나는 조금 시간이 지난 뒤 바로 죄책감을 극복했어요"라고 내게 말했다. "하지만 그에게는 그 사건이 강박처럼 영향을 미쳤어요. 정신과 의

사와 상담해보라고 권했지만 제 말을 듣지 않았죠. 대신 신부님에게 이야기를 꺼낸 모양이지만 그건 아무런 도움이 되지 않았습니다."

존은 우울해지고 감정 기복도 심해졌다. 불운이 더 나쁜 운으로 바뀌고 있었다. 시간이 흐를수록 증상이 더욱 악화됐다. 은행 임원으로서 쌓아온 커리어는 직장 동료들과 고객들이 그의 증상을 알아채면서 삐걱거리기 시작했다. 그는 짜증을 내거나 비협조적인 태도를 보였고, 때로는 무례하게 굴기도 했다. 그때 그의 삶에 새로운 불운이 닥쳤다. 그가 관여하지 않은 일련의 사건, 불법 외환 거래와 관련된 스캔들에 은행이 휘말린 것이다. 이 일은 은행을 당혹스럽게 했을 뿐 아니라 상황 복구를 위해 엄청난 비용을 들이게 했다. 누군가가 비난의 대상이 될 필요가 있었고 존이 바로 그 대상으로 꼽히고 말았다. 그는 최근 몇 달 동안 많은 동료 임원을 화나게 했고, 이에 동료 임원들은 그를 희생양으로 삼자는 생각에 쉽게 동의해버렸다. 사람들은 그를 총알받이로 내세우고 서둘러 피신처를 찾았다. 존은 실직했다.

그는 다시 한번 공정한 우주의 관점에서 상황을 분석했다. 그는 이 새로운 재앙에 '이유'가 있으리라고 믿었다. 이유가 무엇일까? 분명히 신은 그를 또 벌주고 있었다.

만약 자신이 저지르지 않은 일 때문에 직업을 잃는다면 그 불행이 우리를 쓰러뜨릴 수도 있지만, 그렇다고 자신을 다시는 일어나지 못하게 내버려 둬서는 안 된다. 이미 일어난 일이 단지 운이 좋지 않아 생겼다는 점을 분명히 직시하기만 한다면 그럴 필요가 없다. 하지만 만일 아무 생각 없이 일어나는 모든 나쁜 일이 어떤 식으로든 자신의 잘못 때문이라고 가정한다면 불운은 아마도 최악의 운으로 급속히 바뀔 것이다.

낙담하고 절망한 존은 집으로 돌아갔고, 그 후로는 안락의자에 앉아 TV나 보며 남은 생을 보냈다. 메리는 그를 의자에서 끌어낼 수 없었다. 그녀가 생각하기에 존은 자신이 그런 일을 겪는 게 당연하다고 믿는 것 같았다. 신의 뜻일 텐데 맞설 이유가 없다고 여기는 듯했다. 그는 과식에 음주를 즐겼고 담배도 계속해서 피워댔다. 그리고 예순 살이 되기도 전 심장마비로 사망했다.

랍비 쿠시너도 비슷한 이야기를 들려주었다. 한 유대인 부부에게 불행이 닥쳤는데, 자신들이 종교적 의식에 너무 건성으로 임해 벌을 받았다고 생각한다는 것이다. 그는 "종교가 상황을 더 나쁘게 만든 겁니다"라며 슬픈 목소리로 말했다.

랍비가 우리에게 종교를 피하라고 충고한다는 의미일까? 물론 그렇지 않다. 혼돈은 눈에 보일 때 비로소 인지된다고만 했다. 혼돈은 우리가 그것을 인지하기 전까지는 위험하지 않다. 그것이 열한 번째 법칙이 주는 교훈이다. 우리 삶을 둘러보고, 무질서하고 불공정하게 일어나는 상황은 그냥 그대로 받아들이자. 또 특정 종교가 마음에 든다면 굳이 피하려 들지 말자. 단지 신이 우리 인생에서 일어나는 모든 일을 계획하고 지시한다는, 고릿적 믿음만 피하면 된다.

불운을 자책하는 것이 우리를 잘못 이끄는 것처럼, 행운을 '누릴 만하다'고 믿기 때문에 잘못되는 경우도 있다. 당신은 당연히 행운을 누릴 자격이 있지만, 그것을 얻을 수 있느냐 아니냐는 운의 문제일 것이다.

영국의 극작가 셰익스피어의 희곡 《리어왕King Lear》은 수필가 찰스 램Charles Lamb을 포함한 많은 비평가의 기분을 상하게 했다. 행운을 얻을 자격이 있지만 얻지 못하는 많은 사람의 이야기이기 때문이다. 앞서 언급했듯이, 문학 비평가들과 대학 영어과 교수들은 소설과 드라마에서 운의 역할을 인정하려 하지 않는다. 그들의 관점에서 불운은 충분히 '비극적'이 아니다. 그들은 주인공이 자신이 지닌 사악함이나 어리석음 탓에 파멸로 치닫는 이야기를 선호한다. 그러나 이런 사건의 질서정연한 전개는 실제 삶과는 거의 관계가 없다. 현실에서 사람들은 마땅히 받아야 할 것을 받는 게 아니라 그저 주어진 것을 받을 뿐이다.

셰익스피어는 분명히 이를 이해했다. 불행한 리어, 그의 사랑스러운 딸 코델리아, 그리고 충직한 심복이었던 글로스터 모두 행운을 누릴 자격이 있는 선한 사람들이었다. 그런 그들이 무엇을 얻었는가? 얻기는커녕 글로스터는 실명하고 코델리아는 죽었으며 리어는 미쳐버린 뒤 슬픔 가득한 죽음을 맞이한다. 이 사실은 우리에게 무엇을 가르쳐줄까?

수 세대에 걸쳐 영문학 교수들은 학생들에게 리어를 비롯한 등장인물들이 자신의 성격에 존재하는 '치명적인 결함' 때문에 저런 나쁜 결말을 맞이했다고 애써 설득해왔다. 하지만 이런 치명적인 결점들은 주로 교수들의 상상력에서 비롯됐다. 그것들은 희곡에 쓰여 있지 않다. 극 자체를 살펴볼 때 그들이 파멸한 주된 원인은 불운이었다.

우리가 그것을 '받아 마땅'하기 때문에 눈앞에 일어난 것처럼 생각하며 모험에 나서지 말자. 이는 불운한 사람들이 하는 일반적인 생각이다. 우주는 당신이 받아 마땅한 것에 관심이 없다. 또한 우주는 불운한 사람들 사이에서 흔하게 생각되는 '내 차례'라는 것에도 관심이 없다. 이 역시 우주가 공정하다는 가정에서 기인한 개념이다.

"제 대학 친구들은 모두 운이 좋아 좋은 직장에 들어갔습니다. 친구들 중에 저만 아직 운이 안 트였어요. 이제 곧 제 차례가 올 겁니다!"

"처음 두 번의 결혼은 악몽이었습니다. 제 몫의 불행을 겪은 셈이죠. 그러니 세 번째 결혼 생활은 좋을 겁니다."

행운과 불운을 나누는 것이 인간의 통제 아래 있다면 이들의 기대가 합리적일 수 있다. 인간은 행운의 행정부를 지루한 관료 체계로 구성하겠지만 본능적으로 공정하게 운영하려 할 것이기 때문이다. 인간이 지닌 공정성에 관한 감각은 강력하니까. 그러나 우주는 인간의 지배하에 있지 않다. 우리가 그토록 높이 평가하는 공정성의 개념에 무관심하기 때문에 항상 우리를 혼란스럽게 하고 화나게 한다.

낮이든 밤이든 카지노에 가보면 공정성에 대한 기대감 때문에 불운한 도박꾼들이 지갑을 털리는 모습을 볼 수 있을 것이다. 룰렛 휠이 서너 번 연속으로 홀수를 표시한다면 적어도 절반의 플레이어들은 '자신이 받을 빚'이 쌓이고 있다고 생각할 가능성이 크다. 다음번에는 휠이 공정하게 짝수의 상황을 만들어내리라고 생각하는 것이다.

하지만 안타깝게도 휠은 이런 상황을 알지 못한다. 기억력이 있는 것도 아니고 공정성에도 관심이 없다. 다음번에 짝수가 나올 확률은 이전 라운드와 똑같이 50:50이다.

이런 불공정의 역설은 사람들에게 혼란을 안긴다. 룰렛 휠을 반복적으로 돌리는 것과 같은 특정 상황에서 공정성은 오랜 시간을 투자해야 겨우 드러난다. 예컨대 휠을 1,000번 돌리면 홀수와 짝수가 각각 약 500번씩 나올 것으로 예상할 수 있다. 공정해 보인다. 예를 들어 동전 던지기, 주사위 굴리기 등 둘 이상의 결과가 존재하는 다른 상황들도 마찬가지다. 만약 균형이 잘 잡혀 있는 주사위를 6,000번 굴린다면 여섯 면 각각이 대략 1,000번씩 나타나리라고 기대할 수 있다.

하지만 이 명백한 공정성을 주사위의 개별적인 면에 내기를 거는 시스템에 적용한다면 손해를 보게 된다. 개별적인 각각의 면은 서로 관련이 없기 때문이다. 이 각각은 별개의 사건에 해당한다. 주사위를 한 번 굴릴 때의 결과는 앞에서 나온 면에 조금도 영향을 받지 않으며, 뒤이을 면에도 영향을 미치지 않는다. 이는 인간의 공정성 감각에 대한 모욕이다.

그런데도 도박꾼들은 공정성을 생각하며 기대감을 갖는다. 그들은 긴 시간 동안 6이 한 번도 나오지 않았다는 점에 주목한다. 우주의 어떤 힘은 아마도 주사위 안에 6의 비중을 증가시키고 있으며 이 힘은 주사위가 특정 도박꾼에게 진 빚을 갚을 때까지 점점 더 강해질 것이다. 이런 관점으로 많은 선수가 베팅을 조정한다.

하지만 이 생각은 완전히 잘못됐다. 룰렛 휠처럼 주사위 역시 기억력도, 공정함도 없다.

브리지 게임을 하는 선수들도 같은 방식으로 자신을 속인다. 그들은 "직전 두 번은 저를 죽인 카드가 제 왼쪽에 있었습니다. 이번엔 제 오른쪽에 있을 거예요"라고 말한다.

일곱 번째 법칙인 건설적인 초자연주의에 관한 연구에서 봤듯이, 이런 반미신적인 사고는 때로 유용하게 쓰인다. 선택할 합리적인 근거가 없는 상황에서 이런 사고가 우리를 일종의 마비에서 벗어나게 해주기 때문이다. 어떤 선택을 해야 하는 상황일 때이 사고방식은 결정을 하는 데 도움이 된다. 하지만 자신이 무엇을, 왜 하고 있는지 정확히 알아야 한다. 초자연적 장치가 유일한 해결책이어서 의지하고 있다는 인식을 예리하게 유지하라는 뜻이다. 과학적이거나 명백한 이득을 준다는 믿음으로 기대선 절대안 된다. 또한 합리적인 분석이 도움이 될 때는 초자연적인 개념을 사용하지 말아야 한다.

브리지 게임에는 두려운 카드의 위치를 정확히 집어내는 데활용할 수 있는 다양한 합리적 단서가 있다. 이런 단서들은 비딩 bidding(게임 중에는 말이나 몸짓으로 카드 정보를 교환할 수 없기에 이를대체하는 무언의 시스템—옮긴이)과 게임 진행 과정 전반에서 튀어나온다. 이 단서들이 누가 스페이드 여왕을 쥐고 있는지 완벽한확신을 줄 순 없지만 플레이어를 견고하고 분석적인 결론으로 이끌 순 있다. "그 카드는 내 왼쪽에 있어."

이런 분석이 가능할 때는 절대 초자연적인 것에 기대지 않아야 한다. 단서가 전혀 없거나 같은 무게를 지닌 단서가 서로 반대방향을 가리키는 듯 보일 때만, 공정성에 관한 개념처럼 비논리적인 의사결정 과정에 운명을 맡겨야 한다.

"아무것도 기대하지 마세요"라고 운 좋은 포티나이너스 중 한명인 알바로 크루즈Alvaro Cruz가 말했다. "아무리 터무니없게 보이는 일이라도 일어날 수 있습니다. 그리고 당신이 아무리 일어나야 한다고 생각하는 일이라도 안 일어날 수 있어요."

그는 우리 친구인 밥 바우머Bob Baumer에 관해 이야기하는 중이었다. 밥은 제2차 세계대전이 일어나는 동안 유럽에서 공군으로 복무하며 두 번이나 격추당했고 매번 간신히 목숨을 건졌다. "나보다 더 많은 미션을 수행했지만 완벽하게 무사 귀환한 사람들이 있어"라고 그는 매번 말했다. "다시 전투기에 타더라도 운명이 감히 나한테 세 번째 시련을 안겨주진 못할 거야."

밥은 한국전쟁 중 공군으로 복귀했다. 그리고 1952년 6월 10일, 불공정한 우주가 그에게 다시 손을 뻗었다. 그가 탄 B-29는 폭격 임무 중 격추됐고 그는 사망했다.

12장

열두 번째 법칙

·

이것저것
시도하라

자신이 아는 운이 좋은 사람들, 또 운이 좋지 않다고 생각하는 사람들을 떠올려보자. 그러다 보면 두드러지게 눈에 띄는 차이점이 하나 있을 것이다. 운이 좋을수록 바쁘다는 점이다.

운 좋은 사람들은 항상 운이 좋으면서도 많은 모험을 하는 것처럼 보인다. 심지어 직업과 같은 인생의 주요 모험에서 성공의 절정에 이르렀을 때조차 운이 좋은 사람은 보통 다른 모험을 진행 중이거나, 준비하고 있거나, 아니면 적어도 새로운 모험을 위해 공부를 하고 있다. 범위도 당황스러울 정도로 다양한 방면에 걸쳐 있다. 이런 행동은 언제라도 예기치 않게 일어나며 어떤 운 좋은 사람도 절대 잊지 못할, 주된 모험이 불운에 처할 경우에 대비할 수 있는 보호막을 제공한다. 만약 모험 A가 시들해지거나 정체되어 더는 흥분을 불러일으키지 않는다면, 아마도 모험 B나 C가 예상치 못한 방식으로 확 불타오를 것이다.

운 좋은 사람은 일이 잘 풀릴 때만 바쁜 것이 아니다. 역경 속에서도 여전히 바쁘게 지낸다. 물론 운 좋은 사람들도 다른 사람처럼 기복을 겪는다. 다만 차이점은 운이 좋으면 운이 좋지 않은 시기가 절대 오래가지 않고, 종종 놀랍고 예측하지 못한 방법으로 불운기가 끝난다는 점이다. 이쯤에서 보드게임 모노폴리를 만든 찰스 대로Charles Darrow의 유쾌한 이야기를 들여다보자.

찰스 대로의 이야기는 전형적인 행운의 전설로 불린다. 그의 아이디어는 전 세계 사람들에게 익히 알려져 있지만, 정작 그의 이름을 들어본 사람은 드물 것이다.

그는 1933년에 펜실베이니아주 저먼 타운에 살던 마흔두 살의 보일러 기사였다. 기본적으로는 운이 좋은 사람이었지만 당시는 세계적 불운인 대공황의 영향을 받고 있었고, 그 때문에 3년 동안이나 안정된 일자리를 갖지 못했다.

하지만 전형적으로 운 좋은 사람들이 그런 것처럼, 그 역시 여러 모험을 복합적으로 진행하고 있었다. 보일러 기술자로서 본업과 관련된 일을 계속 찾았지만, 그 일은 그를 매우 바쁘게 만들지 못했다. 그래서 가전제품 수리 일을 시작했는데, 당시는 사람들이 새 가전제품을 살 여유가 없던 시기여서 사업이 꽤 잘됐다.

곧 그는 콘크리트 벽과 도보의 균열 보수 전문가로 나섰다. 이 사업도 비용에 민감한 시대에 적합했다. 그는 또다시 지금 하는 일과 완전히 다른, 저비용으로 반려동물을 맡길 수 있는 장소 대여와 수의학 관련 서비스 일을 시작하려고 고민했다. 그는 지역 수의사를 찾아가 지식을 쌓으며 계획을 차근차근 실행했다.

이 모든 것은 역경에 맞서는 전형적인 운 좋은 대응이었다. 불운한 성격의 사람이라면 진흙탕에서 빠져나갈 유일하고 확실한 방법으로 "나는 다른 직업을 찾아야 해!"를 외칠 것이다. 그러나 찰스의 이런 대응이 성공할 가능성이 더 컸다. 그의 생각은 다음과 같았다. '다른 직업을 찾는 것도 좋겠지. 해봐야겠어. 하지만 그 길을 따라가다가 운이 좋지 않을 때를 대비해 동시에 다른 방향에서도 행운을 찾아 나서는 게 좋겠지?'

불운한 사람은 자신이 어떤 형태의 행운을 찾고 있는지 정확히 알고 있다. 만약 그에게 행운이 찾아온다면 행운은 오직 한 가지, 새로운 직업이라는 유일한 형태로 올 것이다. 반면 찰스는 자신이 무엇을 원하는지 알지 못했다. 그가 아는 건 오직 더 많은 모험을 하면 할수록 알 수 없는 행운이 찾아올 가능성이 커진다는 것이었다.

나중에 알고 보니, 그의 삶을 송두리째 뒤흔든 커다란 기회는 그 자신마저도 깜짝 놀란 그의 천성에 있었다.

롤러코스터 같은 1920년대를 보낸 수백만 명의 중산층 미국인들과 마찬가지로 찰스 역시 주식시장에서 시시한 삼류 투자자에 불과했다. 시간이 흘러 1933년이 되고 황량한 겨울이 찾아왔다. 그는 부자가 되면 얼마나 좋을까 생각했다. 그는 주식시장에서 겪은 일을 마음속으로 되짚어봤다. '만약 내가 그렇게 행동하는 대신 이렇게 행동했다면 어떻게 됐을까? 만약 GM의 주식이 주당 1,000달러 이상에서 거래될 때 40달러로 폭락할 때까지 기다리지 않고 팔았다면 어땠을까? 그 돈을 지금 가지고 있다면 어떻게 했을까?'

그는 아마 부동산에 투자했을 것이다. 사람들은 심지어 대공황 때도 땅과 건물에서 큰 수익을 냈다. 그는 아내와 함께 저녁을 먹으며 실제로 부동산 거물이 될 방법에 관해 이야기하면서 즐거워했다.

그는 이런 종류의 게임이 다른 사람들에게 먹힐지도 모른다고 생각했다. 아마 그는 우울증에 지친 사람들이 큰돈을 가지고 노는 발상의 게임을 재미있게 즐길 거라 생각했던 것 같다.

그는 원래 도구를 다루는 데 능숙했다. 가끔 직소 퍼즐 같은 게임들을 재미로 만들기도 했다. 그는 크고 둥근, 기름막을 입힌 식탁보를 찾아내 그 위에 집과 길 등을 그렸다. 그리고 지금보다 경제적으로 더 풍요로웠던 시기에 휴가를 즐긴 애틀랜틱 시티에서 실제 이름을 따와 길에 붙였다. 그런 다음 동네 가게에서 무료 페인트 샘플을 받아 와 그림에 색을 칠했다. 또 목재소에서 얻은 나무 조각들을 모아 집을 닮은 작은 모양으로 잘라 그림에 붙이고, 두꺼운 종이로 토지문서 같은 증서들도 만들었다.

처음에는 이 정도로 하면 그럭저럭 게임이 되겠다 하는 정도의 규칙만 머릿속에 어렴풋이 있었는데, 시간이 지날수록 규칙의 형태가 뚜렷해졌다. 주사위 한 쌍과 다른 사람에게 빌린 게임에서 쓸 돈, 그리고 말로 쓸 색칠한 단추까지 마련하니 준비가 끝났다. 그들 부부와 친구들은 일과가 끝난 저녁이나 휴일에 게임을 즐겼다. 그들은 게임을 하면서 새로운 규칙과 상황을 도입했다. 마침내 진화를 거듭한 게임은 일종의 마법과 같은 힘을 지니게 됐다. 이 게임을 해본 사람들은 순식간에 매료되어 자리를 떠나지 않고 밤새도록 놀고 싶어 했다.

찰스는 이 게임에 모노폴리Monopoly라는 이름을 지어줬다.

분명 처음에는 이 게임을 자신의 인생에서 부차적인 모험으로 봤다. 그런데 친구와 이웃들로부터 게임 세트를 만들어달라는 요청이 빗발쳤다. 그는 부탁을 들어주면서 한 세트당 1달러 정도의 보수를 받았다. 수작업으로 하루에 만들 수 있는 양은 두 세트 정도였다. 그 게임은 인적 네트워크를 통해서만 알려졌다. 누군가가 한 세트를 사서 친구들을 초대해 같이 게임을 즐기면, 같이 게임을 한 친구들이 제작 의뢰를 하는 식이었다. 이런 식으로 약 100세트를 팔았다. 그는 주문이 천천히 들어오는 것에 만족했다. 모노폴리가 소규모의 지역 산업 이상이라는 생각은 전혀 하지 않왔다. 그러나 그때 행운이 폭발하듯 찾아오며 그에게 곤란한 상황이 생겼다.

모노폴리가 작은 인쇄소를 운영하는 한 남자에게 소개됐을 때 첫 번째 행운이 발생했다. 순전히 우연으로 일어난 일이었다. 인쇄소 주인이 친구 집을 방문했는데, 그 친구는 전날 게임 세트를 빌려와 재미있게 논 터였다. 게임 세트는 여전히 거실 테이블 위에 놓여 있었다. 전날 밤에 게임 세트를 정리하지 않은 가정부의 사소한 실수 덕분에 모노폴리의 역사와 더불어 찰스의 삶도 급격히 바뀌었다. 인쇄소 주인은 게임을 보고 흥미를 느꼈고, 게임을 같이 하고 싶어 다시 친구 집을 방문했다. 한번 게임을 하고 나자 그도 빠져들고 말았다. 그는 이렇게 중독성이 강한 게임이라면 많은 사람에게 팔릴 거라고 생각했다.

그는 찰스를 찾아가 모노폴리 보드와 가짜 돈, 그리고 게임에 필요한 그 밖의 소도구들을 만들어주겠다고 제안했다. 찰스는 귀찮았던 잡일을 처리할 수 있다며 기뻐했다. 또 인쇄소 주인은 판매에 도움이 될 광고와 홍보 캠페인을 시작했다. 그들은 게임 세트 생산량을 하루 6개로 늘렸다.

그 뒤 또 다른 행운이 타오르는 불길에 기름을 부었다. 이 지역을 운전해 지나가던 필라델피아의 한 백화점 직원이 엔진 고장 때문에 정비소에 들렀다. 수리가 끝나길 기다리는 동안 그는 마을의 중심가를 거닐다가 약국과 잡화점에 인쇄소 주인이 위탁해

진열해놓은 모노폴리 세트를 우연히 보게 됐다. 그는 게임 세트와 게임 속 아이디어가 대번에 마음에 들었고, 한 세트를 사서 집으로 가져갔다. 얼마 뒤 찰스와 인쇄소 주인은 게임 세트를 대량으로 주문받았다.

모노폴리가 세상에 모습을 드러낸 지 몇 달이 채 되지 않았지만 찰스는 이 게임이 자신도 통제할 수 없을 만큼 거대한 존재로 자라나고 있다는 걸 깨달았다. 필라델피아의 백화점에서는 첫 주문 분량을 모두 팔아치우고 즉시 추가 주문을 냈다. 이 인기 높은 게임의 소식은 필라델피아의 다른 대형 상점들과 다른 도시들로 퍼져나갔다. 상점들은 한 번에 100세트, 200세트, 300세트를 대량으로 주문했다. 하지만 그 상점들은 계속 증가하는 수요를 충족시킬 만큼 충분히 빠른 속도로 재고를 구할 수가 없었다. 인쇄소 주인은 눈덩이처럼 불어나는 수요에 맞출 정도로 제작 속도를 높일 수 없었고 찰스 역시 운송과 대금 청구, 판매 일을 다 처리할 수 없어 허둥지둥했다. 자신들을 집어삼킬 정도로 위협적인 괴물을 만들어낸 셈이다.

해결책은 하나뿐이었다. 찰스는 파커브러더스Parker Brothers사를 찾아갔다. 1883년 매사추세츠주 세일럼에 설립된 파커브러더스는 미국 최대 규모를 자랑하는 보드게임 제작사였다. 찰스는 회사가 판매권을 가지고 자신에게 일종의 저작권 사용료를 지불하면 좋겠다는 제안을 했다.

파커브러더스는 게임을 면밀히 살폈다. 이 회사는 어떤 요소가 좋은 보드게임을 만드는지에 관한 몇 가지 기본 규칙을 고수하며 수년간 수익성 있게 운영되고 있었다. 그 기본 규칙 중 한 가지는 바로 게임이 단순해야 한다는 점이었다. 또 다른 하나는 게임이 끝나는 데 45분 이상이 걸리면 안 된다는 것이었다. 모노폴리는 이 두 가지 규칙을 모두 위반했다. 또 다른 규칙들도 마찬가지였다. 파커의 분석에 따르면 이 새로운 게임은 모두 52개의 '기본적인 오류'를 저지르고 있었다. 회사는 찰스의 제안을 거절했다.

한편 펜실베이니아주에서는 모노폴리 붐이 갈수록 강렬해지고 있었다. 1934년 크리스마스가 다가오자 상점들은 더 많은 세트를 주문했고 주문량은 쌓여만 갔다. 지친 찰스는 속도를 늦추고 싶었지만 자신이 만들어낸 그 괴물은 창조주를 쉽게 내버려두지 않았다. 그는 새 제품 5,000세트를 한 묶음으로 제작하도록 주문했다. 게임 세트는 인쇄기의 조립 라인에서 나오기도 전에 몽땅 팔렸고, 곧이어 수천 개의 새로운 주문이 쇄도했다.

그즈음 파커브러더스에 이 광란의 사태가 전해졌다. 이 사태에 관해 한 회사 보고서는 '그 게임에서 발견된 52개의 기본적인 오류들은 그렇게 치명적이지 않아 보인다'라고 적으면서 입장을 '급히' 수정했다. 자신들의 실수를 용감하게 인정한 파커브러더스는 공손한 태도로 찰스를 찾아가 그가 원했던 계약을 맺자고 제안했다.

찰스는 제안을 수락하고 계약서에 서명했다. 그리고 휘청대는 몸을 이끌고 휴가를 떠났다. 너무 피곤했기 때문에 자신이 얼마나 운이 좋은지 깨닫는 데 아마도 며칠이 걸렸을 것이다. 당시 그는 겨우 40대 초반이었지만 이제 남은 평생 다시는 일을 할 필요가 없었다. 1년 전만 해도 실업률 통계에 들어가는 처지였지만 이제 그는 부자였고 빠른 속도로 더 큰 부자가 되고 있었다. 작은 모험 하나가 그를 순식간에 성공의 반열에 올려놓은 것이다.

찰스 대로가 그 엄청난 모험으로 얼마나 많은 돈을 벌었는지 파커브러더스의 사장 에드워드 P. 파커Edward P. Parker에게 물어본 적이 있다. 하지만 내 질문에 파커는 그 정보가 '기밀에 해당하는 사항'이라며 입을 다물었다. 대신 그는 모노폴리가 모든 면에서 회사가 시장에 내놓은 상품 중 가장 큰 성공을 거두었다고 말했다. 모노폴리는 15개 언어로 제작돼 세계적으로 팔려나갔다. 찰스가 유통 계약을 체결한 뒤 약 7,500만 세트가 판매됐다. 파커브러더스는 게임 세트에 포함되는 가짜 돈을 1조 달러 이상 찍어냈다. 자그마치 1조 달러 말이다.

행운의 찰스는 자신의 여든 번째 생일이 얼마 남지 않은 1970년에 사망했을 때 이미 백만장자의 반열에 올랐다. 정말 운 좋은 사람 아닌가. 그가 가장 잘한 일은 스스로 자신을 운이 좋아질 위치로 데려갔다는 것이다.

겉보기에 영 탐탁지 않은 행동이 우리 삶에 행운의 불길을 타오르게 할지 모른다. 우리가 알 수 있는 사실은 많은 활동을 할수록 좋은 일이 더 잘 일어날 수 있다는 점뿐이다.

분명 찰스는 1933년 자신이 모노폴리에서 일생일대의 기회를 얻으리라고는 상상도 못 했을 것이다. 아마도 가전제품 수리 사업이라는 일이 가장 가능성이 있다고 생각했을지 모른다. 그에 비하면 보드게임은? 즐기면서 푼돈이나 조금 버는 부업 이상으로는 보이지 않았다. 그게 그렇게 거대한 존재가 될 줄 누가 생각이나 했겠는가.

하지만 그것이 바로 운이 작동하는 방식이다. 운이 작동하는 방식은 예측할 수 없다. 그것이 어떤 형태를 띠게 될지, 또 어떤 방면에서 삶을 뒤흔들지 미리 짐작할 수 없다. 찰스가 한 일을 우리도 할 수 있다. 그러려면 걸려드는 운을 잡기 위해 가능한 한 많은 그물을 던져야 한다.

하워드 휴스Howard Hughes는 더 큰 규모로 그런 일을 벌인 사람이다. 아마 자신이 설 수 있는 위치에서 의도적으로 운을 바꾸려 한 노력이었던 것 같다. 그는 처음 별 볼 일 없는 사람으로 시작해 지구상에서 가장 부유한 사람 중 한 명으로 삶의 마지막을 장식했으며, 여러 모험을 동시에 그리고 최대한 효율적으로 조직하며 해냈다.

학창 시절 휴스의 반 친구들은 그를 실패할 운명을 타고난 아이라고 생각했다. 그는 친구들 무리에서 변두리를 떠도는, 조용하고 유령 같은 아이 중 하나였다. 그런 아이들은 학교에 와서 단조로운 시간을 보내다가 집으로 돌아가곤 했다. 그들은 흔적을 남기지 않았다. 그리고 몇 년 뒤면 모두의 기억에서 사라진다. "글쎄…, 걔는 전혀 기억이 안 나. 우리 반이었던 게 확실해?"

그런데 고등학교를 졸업한 뒤 휴스에게 갑작스레 큰 불길이 타올랐다. 수십 명의 전기 작가들과 기자들이 그 불길의 근원을 찾고자 노력했지만 성공하지 못했다. 휴스 자신은 어떤 힌트도 주지 않았다. 교사들과 반 친구들은 자신들이 알던 그 조용한 패배자의 변화를 설명하는 데 막막해했다. 하지만 의외로 실마리는 정말 간단한 것일 수도 있다. 그가 더 운이 좋은 삶을 살겠다고 결심했을지 모른다. 패배자가 되는 것에 질려 새로운 시작을 원하는 것 말이다. 그런 일은 자주 일어난다. 사람들은 자신이 그렇게 되길 원하기 때문에 그렇게 바뀌어간다. 특별한 계기가 생기거나 충격적인 일이 일어나지 않아도 된다.

하워드 휴스가 아버지로부터 막대한 재산을 물려받았다는 소문은 흔한 오해 중 하나다. 사실은 그렇지 않다. 휴스의 아버지는 약 60만 달러의 재산을 남겼고, 열여덟 살의 하워드는 친척들과 그 유산을 나눠야 했다. 재산은 유전 장비 제조 업체인 휴스공구

회사 지분이 대부분이었다. 그 회사 주식의 4분의 3이 어린 휴스의 몫으로 돌아갔다.

당시 그는 부모가 석유로 돈을 번 수백 명의 텍사스 아이들과 비슷한 처지였다. 그 아이들 대부분은 평범하게 살다가 세상을 떠났다. 오늘날 누구도 그들의 이름을 기억하지 못한다. 그러나 어린 휴스는 자신의 운을 향상시키려 했다. 그는 아버지가 물려준 소박한 자본을 소중하게 생각했다. 그 돈으로 편하게 먹고사는 게 아니라 그 돈을 밑천으로 삼아 무엇이든 키워내 보겠다고 마음먹었다.

그렇게 해서 패배자가 갑자기 인생의 승자가 됐다. 보통 미성년자가 회사 주식을 상속받으면 스물한 살이 될 때까지는 법적 대리인이 권리를 위탁받아 관리하게 된다. 그러나 어린 휴스는 자신의 권리를 찾고 싶어 안달했다. 그는 법정에서 자신이 그 주식에 관해 직접 의사표시를 할 수 있다고 주장함으로써 모두를 놀라게 했다. 텍사스 법에 따르면 미성년자인 상속인이 제대로 된 절차를 거쳐 소송을 하면 판사가 그의 주장을 들어줄 수 있다. 휴스가 바로 그런 경우였다.

휴스공구회사는 당시 장래가 촉망되긴 했지만 미래가 보장된다고까지는 말하기 어려운, 매우 작은 규모의 회사였다. 새로운 기술직을 찾을 기회에만 희망을 걸지 않은 찰스처럼, 젊은 하워드 휴스 역시 공구 말고도 다른 모험이 필요하다고 생각했다. 그는 영화와 항공기 제작, 전자 제품 제작, 호텔과 카지노, 부동산, 항공 운송 사업 등 혼란스러울 정도로 다양한 분야에 뛰어들었다. 이 모든 모험이 성공한 것은 아니다. 예를 들어 그의 항공기 회사는 판매 가능한 군용기나 경제성이 있는 여객기를 생산해내지 못했다. 하지만 그에게는 탐색 중인 다른 모험이 있었고, 어떻게든 행운이 찾아오리라고 믿었다. 그리고 정말 그렇게 됐다.

그는 일반적으로 예술적 가치가 있다고 느끼는 영화를 만들었지만 그들 중 일부 작품이 운 좋게 많은 돈을 벌어들였다. 순전히 우연으로 그는 TWA라는 항공사 주식 덕분에 엄청난 돈을 벌기도 했다. 그렇게 그는 부를 축적했다. 그가 세상을 떠났을 때 그의 재산은 10억 달러 이상으로 추정됐다.

만약 이런 일들을 벌이는 대신 그가 휴스공구회사에 모든 희망을 걸었다면 어떻게 됐을까? 그 회사는 휴스가 다른 모험에서 벌어들인 자금을 투입하지 않으면 도산할 뻔한 시기도 있었다. 다른 모험을 강행하지 않았다면 아마도 그는 무일푼으로 삶을 마감했을지 모른다.

열두 번째 법칙은 두 번째 법칙, 여섯 번째 법칙과 밀접한 관련이 있다. 빠른 흐름을 잡아내는 두 번째 법칙과 지그재그 삶을 살

라는 여섯 번째 법칙을 함께 활용하면 상당히 바빠진다. 아마 원했던 것보다 훨씬 더 바빠질 것이다. 행운이 함께하는 삶은 특히 만성적으로 불운한 사람들이 보기에 저러다 미쳐가는 것이 아닌가 생각될 정도로 혼잡하다. 행운을 손에 쥘 한 명의 후보자로서 우리는 우리의 시간과 관심을 끌려고 경쟁하는 많은 모험을 최대한 효율적으로 조직해야 한다. 그렇게 빠른 흐름을 추구하면 삶이 사람들로 가득 차 소용돌이치게 될 것이다. 먼 목표를 향해 일직선으로 터벅터벅 걸어가기보다는, 좌우에서 만나는 예상치 못한 새 기회에 더 많은 주의를 기울여야 한다.

엘리자베스 아덴의 두 번째 남편은 "그녀는 정말 너무 바빠요"라고 말했다. "아내 때문에 정신이 없을 지경입니다." 러시아 귀족이었던, 일명 미카엘 이바노프 왕자라고 불리는 이 남자는 화장품의 여왕과 결혼하기 전까지 대체로 운이 없는 삶을 산 것 같다. 하지만 뒤늦게 그를 찾아온 행운마저 오래가지 못했다. 2년 뒤 그들은 서로를 견디지 못하고 이혼했다. 많은 운 좋은 사람들처럼 아덴은 그녀를 아는 몇몇 사람에게 일 때문에 너무 바쁜 듯한 인상을 주었다. 확실히 그녀는 너무 바쁜 나머지 자신과 함께 시간을 보내고 싶어 하는 사람들의 기대를 채워주지 못했다.

그런 그녀의 삶을 다른 맥락에서 바라보자. 그녀가 평생 행운을 누릴 수 있게 한 일등공신은 다름 아닌 바빠지고 싶다는 마음이었다. 자신이 할 수 있었던 많은 직업을 이것저것 해본 뒤 그녀는 미용실 체인점이라는 첫 번째 모험을 시작했다. 하지만 이 것만으로는 지속적인 행운을 보장하기에 충분하지 않았다. 미용실 사업은 패기 좋게 시작한 후 결국 손해 보고 접게 될 수도 있다. 실제로 아덴은 미용실 사업이 망했을 때쯤 손을 대고 있던 다른 모험이 많았기 때문에 살아남을 수 있었다. 그녀는 바쁜 삶이 내거는 요구 사항 때문에 별 고민을 하지 않았던 것 같다. 이것은 전형적인 행운이다.

폴라 호킨스Paula Hawkins 플로리다 상원의원은 기자들과 만난 자리에서 다음과 같이 말했다. "나 자신이 느끼는 것보다 더 괴로워 보여야 한다고 생각해요." 전형적인 워싱턴에서의 삶이 많은 것을 빼앗지 않았냐고 누군가가 물었다. "저는 당신이 말하는 그 '돌진하는 삶'이 좋아요"라고 그녀는 대답했다. "그건 제게 강요된 삶이 아니라 바로 제가 선택한 삶입니다. 속도가 느려진다면 전 행복하지 않을 거예요."

호킨스 상원의원이 핵심을 찔렀다. 행운의 삶은 그런 삶을 사는 본인이 느끼는 것보다 주변에서 그를 보는 다른 사람들에게 더 고통스럽게 보이는 경향이 있다. 위궤양이 생기고 혈압이 높아질지 모른다고 해서 피하면 안 된다. 시카고대학교의 심리학자 진 겐들린Gene Gendlin 박사는 "바쁜 것이 몸에 해롭다는 말은 대중 심리학에서 말하는 흔한 소재에 불과합니다"라고 말한다. "그 믿음을 뒷받침할 과학적인 근거는 없어요. 중요한 것은 바쁜 상황을 당신이 어떻게 '느끼느냐'입니다. 만약 그런 상황이 몸 안에서도 기분 좋게 느껴진다면, 그리고 그것이 옳다고 생각된다면 그건 그냥 당신에게 맞는 겁니다."

젠들린 박사는《집중하기Focusing》라는 인기 있는 책의 저자이기도 하다. 이 책에서 그는 하나 또는 여러 문제에 대해 '몸 전체로 느끼는 감각'을 제로로 만드는 방법에 관해 설명했다. 그는 많은 사람이 너무 바쁜 데다 크고 다양한 고민을 안고 있기 때문에 하나의 고민에 집중해 해결하기 힘들다고 말한다. 하지만 많은 경우에 이들은 바쁜 삶에 일시적으로 압도당한, 잠재적으로는 운이 좋은 사람들이다.

젠들린 박사는 간단하면서도 눈에 띄게 효과적인 방법을 제안한다. 바로 조용히 앉아 자신을 괴롭히는 주된 걱정거리가 무엇인지 목록을 작성하는 것이다. 자신이 하고 싶은 대로, 마음속으로 해도 되고 직접 종이에 써도 된다. 문제를 해결하려고 하지 말자. 그냥 문젯거리들이 존재한다는 걸 인정하고 그대로 쌓아두기만 하면 된다. "그래, 조지와의 관계도 삐걱거리고 커리어 관련해서도 문제가 있어. 주식시장 동향 때문에 불안하기도 해."

목록 작성은 휴가 가기 전에 해야 할 일을 정리하는 것과 같은 효과를 준다. 모두가 당신이 떠나기 전, 앞으로 일어날 수 있는 공황 상태에 관해 잘 알고 있다. 지난 며칠 동안 당신은 안절부절 못하며 이리저리 뛰어다녔다. 정말 마지막이라고 생각한 세부 사항 하나를 처리할 때마다 더 신경 써야 할 항목이 두 가지도 넘게 떠오른다. 당신은 점점 더 빠르게 행동하려 하고, 그러다 보니 점점 더 어지러워진다.

그런 상태에서는 정말 중요한 것을 잊어버릴 가능성이 크다. 어떻게 하면 자신을 진정시킬 수 있을까?

자리에 앉아서 해야 할 일의 목록을 만들면 된다. 물론 목록을 작성하는 것만으로 일이 해결되지는 않는다. 이 행동의 목적은 기분을 나아지게 하는 것이다. 목록을 작성하는 행위는 혼란스러웠던 상황을 통제할 수 있다고 느끼게 한다. 이렇듯 보다 평온한 상태가 되면 목록에 정리된 일들을 자신감 있고 질서정연하게 처리해나갈 수 있다.

문제점과 걱정이 되는 것들의 목록을 만들면 통제할 수 있다는 기분이 든다. 많은 사람이 이 간단한 과정을 거칠 때 실제로 신체적으로도 긴장이 완화되는 것을 느낀다. 긴장 완화는 즉각적이고 엄청난 효과로 나타난다. 이 해결책은 진정제와 달리 원하는 만큼 수시로 복용할 수 있다.

삶이 너무 바빠지고 공황 상태가 올 듯할 때마다 걱정거리를 적은 목록을 만들자. 대부분 그 공황 상태는 일을 너무 많이 떠맡아 생긴 게 아니라 오히려 걱정거리를 무질서하고 통제 불능이 되게 내버려 두었기에 생긴 것이다. 빨리 어떻게 좀 하라고 동시다발로 어깨를 툭툭 치는 사람들이 많아져 평소보다 몇 배는 더 상황이 안 좋게 느껴지고, 점점 더 혼란스러워지며, 걱정거리들이 머릿속에서 마구 부딪힌다. 목록을 만들면 이렇게 중구난방이던 것들의 순서를 바로잡을 수 있다.

운이 정말 좋은 사람은 항상 많은 모험과 활동을 성공적으로, 또 최대한 효율적으로 조직할 방법을 찾는다. 행운을 원한다면 별로 바쁘지 않은 것보다 과도하게 바쁜 편이 훨씬 낫다.

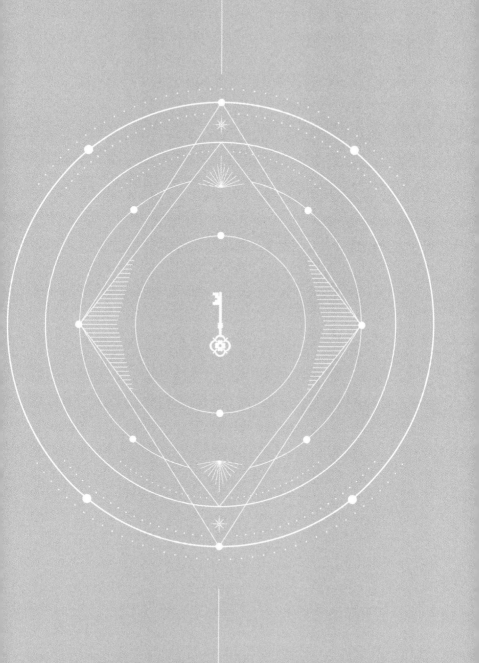

13장

열세 번째 법칙

•

운명의 짝을
찾아라

윌리엄 프록터William Procter와 제임스 갬블James Gamble은 1830년
대에 신시내티로 옮겨간 젊은 이민자로, 프록터는 영국인이고 갬
블은 아일랜드인이었다. 둘은 서로를 만나기 전까지는 그저 그런
인생을 살고 있었다. 다시 말해 한창 성장 중인 산업 도시의 노동
시장에서 얼굴 없는 통계 수치를 차지할 뿐이었다. 프록터와 갬
블 모두 직업이 있었고 특별한 차별 없이 일하고 있었다. 그러다
가 둘이 만나게 됐고 그때부터 서로의 삶이 급변했다.

그들이 만난 계기는 '구애'였다. 두 청년이 자매, 즉 언니와 동
생에게 각각 청혼하면서 우연히 만나게 된 것이다. 어느 주말, 두
젊은이가 같은 시간에 전화를 받았고 자매의 방에서 서로를 소개

받았다(그러니까 둘은 동서지간이다). 두 사람은 즉시 상대에게 호감을 느꼈다. 아마 둘 다 종종 자신이 찾던 기술이나 장점 등의 특성을 서로에게서 찾아낸 모양이었다. 어쨌든 둘은 퍼즐 같은 삶에서 잃어버린 조각을 찾았다고 생각했다. 두 사람은 혼자서는 높게 날아오르지 못했지만 함께라면 더 먼 곳까지 갈 수 있다는 일종의 가능성을 감지했을지 모른다. 그들은 운명의 짝이었다.

1837년 그들은 그동안 각자 모아온 저축과 약간의 돈으로 작은 종잣돈을 마련했다. 총 7,192.24달러였다. 이 소규모의 투자금으로 프록터앤드갬블Procter and Gamble, P&G이라고 불리는 비누 및 양초 관련 회사를 설립했다. 그리고 얼마 안 가 산업계 역사상 가장 성공한 저가의 비누, 세제, 가정용품 및 식품 회사로 대중에게 알려졌다.

1980년대에 이르자 이 거대한 회사는 매년 100억 달러 이상의 매출을 올렸다. 100억 달러는 제임스 갬블의 고향인 아일랜드를 포함해 세계 대부분 국가의 GNP보다 더 큰 수치다. 이는 두 사람이 모여 각자의 운명을 키워나갔기에 가능한 일이었다. 떨어져 움직였다면 승자 대신 두 명의 낙오자가 탄생했을지도 모르지만 둘이 함께했기 때문에 행운이 폭발한 것이다.

결과가 그처럼 극적인 사례는 상당히 드물지만, 운명의 짝을 만났다는 점에서 비슷한 사례가 또 있다.

"제니스와 저는 서로에게 행운을 가져다주는 것처럼 보이는 짝입니다"라고 안드레아는 말했다. 제니스와 안드레아는 1935년 미국에서 시작된 '익명의 알코올 중독자 모임Alcoholics Anonymous, AA' 멤버다. AA의 전통이 그렇듯이, 그들은 자신들의 풀 네임이 공개되는 것을 원하지 않았다.

그들은 20여 년 전 AA 모임에서 우연히 만났다. 당시 그들은 운이 좋지 않았다. 둘 다 술을 많이 마시고 있었다. 제니스는 부유한 교외 출신이었지만 최근 고통스러운 이혼으로 곤욕을 치른 상태였다. 안드레아는 알코올 중독자였지만 외부의 도움을 받길 거부하는 남편과 별거 중이었다. 남편은 술에 취하면 브루클린에 있는 안드레아의 아파트를 찾아와 문틈 사이로 음란한 내용의 소리를 질러댔다. 이웃들의 불평 때문에 그녀는 어쩔 수 없이 문을 열어줘야만 했다. 남편이 시도 때도 없이 찾아오자 그녀는 화가 머리끝까지 치밀었고 일상의 균형마저 잃어버렸다. 그녀는 계속해서 일자리를 바꿨는데 바꾼 일들은 전부 전에 하던 일보다 급료도 낮고 근무 환경도 더 좋지 않았다.

"그냥 엉망이었죠." 그녀는 회상했다. "하루의 4분의 1을 술을 마시며 보냈고 지저분한 식당에서 웨이트리스를 하면서 생계를 꾸려갔어요. 성매매를 하면 돈을 더 벌 수 있지 않을까 하는 생각도 했죠. 제 삶은 정말 완전히 무너지기 일보 직전이었어요."

AA와 AA 관계자들에 따르면 알코올 중독과 알코올 중독의 통제는 크게 봤을 때 둘 다 운의 문제에 해당한다. 미국의 알코올 남용 및 알코올 의존 연구소National Institute of Alcohol Abuse and Alcoholism의 로런 아처Loran Archer 부소장은 "음주를 시작한 모든 사람 중 약 10%가 결국 알코올 중독자가 됩니다"라고 말했다. "모든 이유를 알 순 없지만, 적어도 몇 가지는 분명해요. 유전도 한몫합니다. 만약 당신이 알코올 중독자 부모에게서 태어났다면 술을 안 마시는 부모를 둔 사람보다 알코올 중독자가 될 가능성이 훨씬 큽니다." 유전자는 통제할 수 없는 것에 속하므로 우리가 내린 운의 정의에도 들어맞는다.

알코올 중독자가 그 문제를 물리칠지 어떨지는 운에 달렸다. AA 모임에 나타난 사람 중 절반은 3개월 이내에 모임을 탈퇴하고 다시는 모습을 드러내지 않는다. 1년 동안 금주를 고수하는 사람 중 41%는 최소한 그 후로도 1년은 버티는 것으로 보인다. 금주를 유지하는 사람들과 그러지 못하는 사람을 구별 짓는 것은 무엇일까? 많은 요소가 있지만 '가장' 중요한 것은 처음 모임에 왔을 때 첫 번째 또는 두 번째 만남에서 어떤 사람을 만나느냐 하는 것이다.

한 구성원이 다른 구성원을 돕는 상호 지원은 AA에서 쓰는 기본 치료 방식이다. 만일 당신이 알코올 중독자라면, 그래서 알코올에서 빠져나오는 데 도움 될 만한 게 있는지 살피려고 모임에 참석한다면 당신에게 일어날 일은 당신과 만날 가능성이 있는 사람들에게 거의 전적으로 달려 있다. 만약 당신이 그 사람들을 싫어하거나, 그 사람들이 너무 배려심이 많거나 반대로 충분히 배려하지 않는다는 걸 알게 되면 (어떤 이유로든 애정이 샘솟지 않는다면) 당신은 아마도 영원히 모임을 떠나게 될 것이고, 그렇게 파멸의 길로 걸어갈 것이다. 하지만 더 운이 좋다면 호감이 가고 믿을 만한 사람들을 만날 것이며 바로 그들을 통해 구원받을 수 있다.

그리고 정말 운이 좋다면 운명의 짝을 만나게 될 것이다. AA에서는 빈번한 일이다. 바로 안드레아와 제니스에게 일어난 일이 그것이다.

"첫 모임이었어요." 안드레아가 말했다. "저는 지각 때문에 열일곱 번째 직장을 잃은 직후였죠. 숙취 때문에 컨디션도 좋지 않았어요. 머릿속에 자살 생각이 떠올랐습니다. 외부 도움이 필요하다는 건 알았지만, AA가 제게 그런 도움을 줄 거라고는 생각하지 못했어요. 그냥 지푸라기라도 잡는 심정으로 모임에 참석했거든요. 그리고 운 좋게 그곳에 제니스가 있었던 거예요. 그날 모임은 제니스가 정기적으로 나가던 모임이 아니었대요. 장소나 시간이 달랐어요. 그냥 어쩌다가 그곳에 있었던 거죠."

앞서 살펴본 프록터와 갬블처럼 그들은 상대의 운명을 바꿀 평생의 동반자 관계를 맺게 됐다. 제니스는 안드레아가 알코올 중독에서 벗어날 수 있게 도와주었다. 금주에 성공한 안드레아는 잃어버린 커리어를 다시 찾을 기회를 마련했다. 그녀는 프루덴셜 보험 회사에서 비서직을 구했다.

이제 반대로 안드레아가 제니스를 도울 차례였다. 몇 달 동안 술을 끊었던 제니스는 알코올 중독이 재발했다. 안드레아는 제니스가 회복할 수 있게 보살폈고 그다음에는 보험 회사에서 일자리를 구할 수 있도록 도움을 아끼지 않았다. 제니스는 결혼 생활 내내 집 밖에서 일한 적이 없었기 때문에 안드레아의 도움이 없었다면 최저 임금을 지급하는 자리 말고는 아무 일도 찾지 못했을 터였다.

그러고 나서 다시 제니스의 차례가 됐다. 우연한 운으로 제니스는 자신의 실력에 감탄하고 관리자로 빠르게 승진시켜준 상사를 만났다. 그녀는 자신의 뒤를 이어 안드레아를 괜찮은 자리로 끌어 올렸다. 곧 두 여성 모두 회사에서 높은 임금을 받고 어느 정도 책임감을 요구받는 위치까지 오르게 됐다.

그런 다음 그들은 동업을 결심했다. 안드레아와 제니스는 저축한 돈을 모으고 신용조합에서 대출을 받아 뉴저지 해안에 있는 작은 리조트 호텔을 구입했다. 호텔 안 식당에 각별한 노력을 기울인 그들은 자신들의 사업장을 여름 한철 사업에서 손님들이 사시사철 찾는 곳으로 탈바꿈시켰다. 호텔은 번창했고 둘은 사업을 확장했다. 오늘날 그들은 3개의 작은 해양 호텔을 소유해 운영하고 있으며 쇼핑 플라자에 지대한 관심을 가지고 있다.

그들의 사업은 P&G 정도의 규모까지는 아니더라도 분명 성공적이었다고 할 수 있다. 운명의 짝을 만나는 것이 어떤 일을 해넬 수 있는지 보여주는 단적인 예다. 만약 두 여성이 서로를 만나 상대를 운명의 짝으로 여기지 않았다면 각자 어떤 미래를 그려갔을지 상상하기 어렵다.

　운명의 짝은 단순한 친구 이상의 존재다. 친구는 당신이 좋아하고 즐거움을 공유하는 사람이다. 호감은 때로는 사랑이라고 이름 붙일 만큼 엄청나기도 하다. 그런데 만약 상대가 객관적으로 내 삶의 방향과 운의 본질을 바꾸지 않는다면 이 관계를 설명하는 데 적합한 단어는 '친구'밖에 없을 것이다.

　대부분의 친구는 단지 친구일 뿐이다. 고향 친구, 대학 친구, 즐거운 시절을 함께 보낸 친구 등. 그중 몇몇은 아주 오랜 친구일 테고, 그들을 보면 마음이 따뜻해질 것이다. 하지만 운이라는 측면에서 그들은 당신의 인적 네트워크에 있는 그 밖의 사람들과 크게 다르지 않다. 누구라도 당신이 인생을 바꿀 운의 불꽃을 한 번은 일게 할 수 있겠지만, 오직 당신의 운을 장기간에 걸쳐 바뀌게 하는 사람만이 운명의 짝이라고 불릴 자격이 있다.

　배우자가 꼭 운명의 짝일 필요는 없다. 배우자가 운명의 짝이라는 식의 말은 감성적이고 멋지지만, 객관적인 의미에서는 제한적으로만 사실이다. 배우자와 경제적으로 연결됨으로써 서로의 운명에 영향을 미친다는 건 확실하다. 배우자 중 한 명이 고소득을 얻으면 다른 한 명이 그 상황에 함께할 수 있다. 게다가 부부는 아이를 낳아 서로의 삶을 바꾸기도 한다. 하지만 많은 결혼에서 이런 변화는 원래 본인이 가진 그릇의 크기와 관련이 있다. 위대한 소설가가 될 배우자나 회사를 성공시킬 배우자는 상대와 결혼하든 안 하든 상관없이 그렇게 했을 것이다.

그렇다고 결혼이 평가절하되어서는 안 된다. 그들은 서로 깊이 사랑할지도 모른다. 둘이 나누는 섹스는 달콤하고 행복한 아이들과 함께하는 가정의 화합은 무엇과도 비교될 수 없다. 하지만 두 사람이 함께 운명을 향해 나아가는 이야기를 한다는 건 로맨틱 소설에 불과할 수도 있다. 그렇다면 만족스러운 결혼 생활을 하고 있는 모든 커플이 서로에게 운명의 짝이라고 가정하는 것은 오류를 포함하게 된다.

물론 부부로서 운명의 짝임을 보여주는 이들도 있다. 예를 들면 연극계에서 알프레드 런트Alfred Lunt와 린 폰테인Lynn Fontaine은 운명의 한 쌍이었다. 저 둘만큼은 아니지만 험프리 보가트Humphrey Bogart와 로런 바콜도 그랬다. 그들은 모두 상대를 만나기 전 각자가 마음에 새긴 운명을 목표로 삼고 살았다. 그런데 앞으로 나아가는 움직임은 좀처럼 속도가 나지 않고, 반짝임 역시 희미해지는 듯했다. 만약 그들이 상대와 함께하지 않았다면 둘 다 명성을 떨치기는커녕 무명으로 커리어를 끝마쳤을지 모른다. 서로 파트너십을 맺었기에 총합을 엄청나게 늘릴 수 있었다.

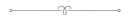

운명의 짝은 어떻게 만나게 될까? 길버트Gilbert와 설리번Sullivan, 진저 로저스Ginger Rogers와 프레드 아스테어Fred Astaire, 그리고 새뮤얼 존슨Samuel Johnson과 제임스 보스웰James Boswell 같은 유명한 운명의 커플들은 말할 것도 없고 프록터와 갬블, 안드레아와 제니스가 그랬던 것처럼 보통은 순전한 운으로 만남이 이루어진다.

그렇기에 운을 바꿀 사람을 만나는 가장 좋은 방법은 두 번째 법칙, 즉 빠른 흐름을 잡아내는 기술을 연습하는 것이다.

어떤 경우에는 운명의 커플이 온전히 서로의 노력으로 이루어지는 것이 아니라 어느 한쪽의 노력만으로 이루어지기도 한다. 한 명이 다른 상대를 찾으러 가는 상황이 이에 해당한다. 항상 운이 가장 큰 역할을 하지만 적극적인 태도를 보이면 행운이 찾아올 가능성이 커진다. 이런 일은 상대를 찾는 사람이나 발견되는 사람 모두에게 일어날 수 있다.

찾는 사람과 발견되는 사람이 짝지어진 전형적인 사례가 바로 미국의 소설가 마거릿 미첼Margaret Mitchell과 맥밀란 출판사의 편집장 해럴드 레이텀Harold Latham이다. 만약 이 두 사람의 만남이 없었다면 《바람과 함께 사라지다Gone with the wind》라는 작품은 탄생하지 못했을 것이다.

역사상 가장 성공적이었던 소설과 영화 중 하나인 이 위대한 작품은 미첼과 레이텀 커플의 우연한 만남으로 세상에 나왔다. 운은 이 사건에 우연한 매개체였지만 결국 다른 모든 것을 한데 묶는 중심 요소였다. 그 일이 일어나기 전 작가의 삶은 자신의 의도와는 상관없이 다른 여러 일 때문에 이리저리 흔들렸다.

마거릿 미첼은 의사가 되고 싶었다. 1918년 그녀는 그 목표를 가슴에 품고 대학에 입학했다. 얼마 후 첫 번째 위험한 일이 발생했다. 1919년 전 세계적으로 유행한 독감이 수백만 명의 목숨을 앗아갔고, 희생자 중에는 조지아주 애틀랜타에 살던 그녀의 어머니도 있었다. 그녀는 잠시 아버지와 함께 시간을 보내기 위해 살던 집으로 돌아갔다.

얼마 뒤 그녀는 의과대학 생활을 다시 시작하려 했지만 곧 향수병에 걸려 이런저런 생각이 많아졌고, 이런 산만한 상태로는 치열한 학업 경쟁을 따라갈 수 없다는 걸 깨달았다. 몇몇 과목에서 거의 낙제점에 가까운 점수를 받은 그녀는 아예 애틀랜타로 돌아왔다.

미첼은 첫 번째 결혼을 했다가 이혼하고 편집 기자 존 마시John Marsh와 두 번째 결혼 생활을 이어갔다. 두 번의 결혼에서 자녀는 두지 않았다. 20대를 지나며 늘어나는 쉼 없는 에너지를 제대로 발산하기 위해 그녀는 다양한 문학 활동으로 눈을 돌렸다. 그녀는 항상 매력적이고 재치 있는 글을 쓰는 작가였다. 그녀는 곧 신문의 특집 담당 기자로 취직했다. 또 애틀랜타의 젊은 예술가 지식인들이 모이는 파티와 모임에서 친숙한 인물이 됐다.

그러던 중 또 다른 위험한 사건이 그녀의 인생을 다른 방향으로 이끌었다. 그녀가 살아생전 연루됐던 세 가지 굵직한 사건 중 첫 번째 사건에 해당하는 자동차 사고다.

미첼은 어린 시절부터 사고가 잦은 편이었다. 나중에는 결국 그녀의 삶을 영원히 끝내는 사고가 되어버리고 말았다. 사고경향성accident-proneness(다른 사람보다 유독 사고나 부상을 자주 겪는 경향—옮긴이)을 다룬 정신분석학 관련 이론들이 많은데, 대부분은 진지하게 받아들이기에 다소 어리석어 보인다. 강박적인 도박에 관한 이론과 유사하기 때문이다. 강박적인 도박꾼에게 지고 싶은 마음이 존재한다고 생각하는 것처럼, 사고당하는 경향이 잦은 사람도 다치거나 죽음으로써 실제로 저질렀거나 상상 속에 존재하는 죄를 속죄하고 싶어 한다는 것이 그 이론들의 주장이다. 어떤 경우에는 그럴 수도 있다. 그러나 대부분 사고경향성은 일반적인 부주의 탓에 일어난 불운의 일종이다. 여덟 번째 법칙, 즉 최악의 경우를 분석하라는 기술을 적용하지 않은 경우가 가장 많다. 사고경향성이 높은 사람은 우울해하거나 벌을 받고 싶어 하는 성향과는 거리가 멀고, 오히려 지나치게 낙관적이거나 태평스러운 경향이 있다. 그는 "잠깐만 생각해보자. 어떤 경우에 상황이 더 안 좋아질까?"라며 분석하고 염려하는 대신 철석같이 믿던 상황에서 사고를 당한다.

미첼도 그런 사람 중 한 명이었던 것 같다. 그녀는 어릴 적에 자그마치 두 번이나 심각한 승마 사고를 당했다. 존 마시와 결혼한 지 1년 뒤, 스물여섯 살의 나이로 첫 번째 자동차 사고를 당했다. 비 오는 날씨에 혼자 차를 몰다가 미끄러져 길을 이탈해 생긴 사고였다. 그녀는 사실상 1년 이상 집 안에 갇혀 있어야 할 정도로 심한 발목 부상을 입었다. 그 때문에 그녀는 기자 생활을 포기해야만 했다.

그토록 활기찬 지성과 쉴 새 없는 에너지를 보유한 젊은 여성이 혼자 집에 갇혀 있어야 했다. 심지어 관심을 쏟아야 할 아이도 없었다. 그렇다고 집안일에 힘쓰는 것도 그녀의 취향에 맞지 않았다. 할 수 있는 일이 뭐가 있었을까? 그녀는 소설을 쓰기 시작했다.

이 작품은 팬시(나중에 스칼렛으로 이름을 바꾸었다) 오하라라는 이름을 지닌 한 여성의 이야기로 남북전쟁을 거치는 동안 갖은 고난을 겪으며 성장하고 성숙해간다는 내용이다. 이 소설은 1929년 말에서 1930년 초쯤 완성됐다. 봉투와 서류철에 2,000페이지에 달하는 원고가 빽빽하게 채워질 정도로 분량이 어마어마했다.

그 원고는 봉투와 서류철 안에서 천천히 변색되며 5~6년 동안을 묵었다. 나중에 미첼은 그동안 아무에게도 원고를 보여주지 않았다고 단호히 주장했는데, 그녀가 몇몇 편집자에게 적어도 몇 장의 원고를 보여줬다고 말하는 사람들이 나타났다. 그들이 출간을 거절했고 처음 몇 번 시도하다가 그녀도 출판을 포기했다는 식이었다. 만약 이런 소문이 사실이라면, 당연하게도 그 편집자들은 자신의 엄청난 판단 착오에 관해 영원히 침묵할 것이다.

위대한 소설은 거의 방치된 상태로 휴면기에 들어갔다. 한동안은 원고 중 일부가 소파를 받쳐주는 지지대로 쓰이기도 했다. 원고에 새 생명을 불어넣기 위해서는, 운이 필요했다.

이 시기에 그녀의 운명의 짝인 해럴드 레이텀이 등장한다. 레이텀은 맥밀란 출판사의 편집장 겸 부사장직을 맡고 있었다. 1935년, 미첼이 그 소설을 쓰기 시작한 지 9년 뒤인 그 시점에 그는 남부 지방을 둘러보다가 애틀랜타에 들렀다. 최근 도서 사업의 근황을 살핀 그는 지금이 남쪽 지방을 배경으로 한 역사 소설을 내기에 적절한 시기 같아 책을 몇 권 찾고 있었다. 하지만 애틀랜타에 처음 도착한 그는 실망하고 말았다. 앞서 출발한 선발대가 그가 대화할 만한 유망한 작가들을 몇 명 찾아놓았어야 했는데 그러지 못했던 것이다. 그는 투덜대며 호텔 방에서 몇 통의 전화를 걸었다. 미첼에게는 행운인 셈이다. 그녀는 항상 빠른 흐름을 놓치지 않고 있었다. 레이텀의 지인은 그녀를 아는 또 다른 사람을 알고 있었다.

"그녀가 뭔가 작업을 하고 있나요?" 레이텀이 물었다.

"몇 년 전에 소설 얘기하는 걸 들은 적이 있어요. 자세히는 모르겠네요."

레이텀은 가까스로 미첼과 만났다. 그녀는 자신이 쓴 소설이 가치가 없다고 확신해서인지 레이텀의 지인이 말한 소설의 존재를 부인했다. 그럼에도 둘은 서로에게 즉시 호감을 느끼게 됐다.

그들은 전혀 어울리지 않아 보이는 한 쌍이었다. 레이텀은 철테 안경을 쓴 커다란 체구의 서툰 곰 같은 남자였다. 반면 미첼은 키가 150센티미터도 안 될 정도로 작았다. 그녀는 나이가 들지 않는 일종의 아름다움을 지니고 있었다. 20대 시절 그녀는 눈에 띄는 미모의 소유자였다. 30대 중반에 레이텀이 그녀를 만났을 무렵에는 부자연스러울 정도로 큰 눈을 하고 있었다.

레이텀은 그녀에게 써둔 소설이 있느냐고 집요하게 물었다. 결국 그녀는 작품의 존재는 인정했지만, 아직 미완성이어서 세상에 내놓을 준비가 전혀 안 되어 있다고 말했다. 그 말에 레이텀은 포기했다. 그는 저녁 식사를 하기 위해 호텔로 돌아갔고 식사를 마친 뒤 방으로 향했다. 그는 일찍 잠자리에 들었다. 아침에 뉴욕으로 가는 첫 기차를 탈 계획이었다.

별안간 그의 전화벨이 울렸다. 미첼이었다. 마음이 바뀌었다고 말한 그녀는 지금 원고를 들고 호텔 로비에 와 있다고 말했다.

누구도 이 갑작스러운 심경 변화를 흡족하게 설명해내지 못했다. 앤 에드워즈Anne Edwards라는 전기 작가는 한 친구가 미첼에게 작가로서의 '진지함'에 관해 조언한 적이 있어서 이런 일이 생겼다고 말한다. 그럴듯하다. 하지만 이 작은 체구의 소설가가 자신과 레이텀 사이에서 일어나 희귀한 화학적 작용을 인식했을 거라는 추측이 더 그럴듯하다.

미첼은 별로 부담 없이 그에게 소설을 보여줬다. 그녀에게 그는 꼭 붙잡아야 하는 기회였다. 만약 그녀가 이 기회를 잡지 못했다면 운명이 또 다른 기회를 주진 않았을 것이다.

운명의 짝이란 건 그런 식이다. 만약 잠재적으로 파트너가 될 사람이 내 삶에 걸어 들어온다면(상대는 분명 우리가 빠르고 강하게 긍정적으로 반응하는 사람일 것이다), 그 사람이 다시 뒤돌아 가지 못하게 해야 한다. 최소한 내가 갓 맺은 관계를 찬찬히 가늠해보는 동안은 그 관계를 유지하고, 다시 안 올지도 모르는 그 기회가 어디로 나를 데려갈지 유심히 살펴보자.

미첼이 등장하는 이 이야기의 나머지는 운이 좋았던 찰스와 그의 모노폴리를 다룬 이야기와 매우 흡사하다. 《바람과 함께 사라지다》는 1936년 6월 30일에 출판됐다. 정가 3달러에 1,000페이지가 넘는 엄청나게 두꺼운 책이었다. 미첼과 레이텀은 함께 작업하면서 엄청난 분량의 원고를 사람들의 시선을 붙잡는 논리정연한 이야기로 다듬었다. 성공은 즉각적이고 압도적인 형태로 나타났다. 출간 3주 뒤 자그마치 17만 6,000부가 인쇄됐다. 두 달 뒤 이 수치는 33만 부에 달했다. 출판된 지 1년이 지난 시점에는 150만

부에 육박했고 여전히 증가세를 보이고 있었다.

얼마 후 미국의 영화제작자 데이비드 셀즈닉David Selznick이 이 소설을 원작으로 영화를 제작했고, 그 영화는 그가 만든 작품 중 가장 큰 성공을 거두었다. 또 영화는 여배우 비비안 리Vivien Leigh가 영화계 커리어를 화려하게 시작하도록 해주었다. 원작 소설과 영화 모두 오늘날에도 여전히 많은 사람에게 돈을 벌어주고 있다.

운명의 짝 미첼과 레이텀은 함께했다. 그는 그녀에게 계속해서 다른 소설을 쓰라고 제안했지만 그녀는 그러지 않았다. 아마도 그녀는 그 엄청난 창조적 행동의 흐름을 절대 맞춰갈 수 없으리라 느꼈을 테고, 만약 그렇다면 그 생각이 옳았을 수도 있다. 두 번째 소설은 분명 실망스러웠을지도 모른다. 레이텀도 굳이 속편을 쓰라고 강요하지 않은 걸 보면 그녀와 같은 두려움을 느꼈을 수도 있다.

그들은 서로에게 애정이 담긴 편지를 계속 썼고, 종종 전화로 대화를 나눴으며, 가끔 얼굴을 보기 위해 직접 만나기도 했다. 1949년 8월, 자신에게 일어난 경이로운 일을 골똘히 생각하기라도 했던 걸까. 미첼은 애틀랜타에서 길을 건너던 중 차에 치였고 며칠 뒤에 사망했다. 그녀 나이 마흔아홉 살이었다.

이렇듯 마거릿 미첼은 어떤 면에서는 운이 좋았지만 다른 면에서는 그렇지 못했다. 운이란 보통은 그런 식이다. 솔직히 말하자면, 항상 그런 식이라고 말하는 편이 진실일 수도 있다.

좋은 운을 갈망하는 당신에게

행운을 찾는 사람이 무엇보다 먼저 이해해야 할 게 하나 있다. 바로 인생이 무질서하고 계획에 따라 성공적으로 흘러가지 않는다는 점이다. 아무리 훌륭하고 유연한 계획을 짜도 인생을 흐르는 쉼 없는 변화의 물결이 그 계획을 실행 불가능한 것으로 만들어버리곤 한다. 스스로 어떤 규칙을 세우든 간에 그 규칙을 지키기 어렵거나 지키는 게 불가능한 상황이 오기 마련이다.

그러므로 지금까지 다룬 행운을 불러오는 열세 가지 법칙과 함께해야 한다. 모든 상황에 항상 적용할 수 있으리라는 기대는 하지 말자. 인생은 필연적으로 우리를 코너로 몰아넣을 것이고, 우리는 의지나 판단과는 반대로 자신이 이런저런 규칙을 어기는 모습을 목격하게 될 테니 말이다. 이런 일로 화내지 말자. 인생이란 모름지기 그런 것이다.

나는 열세 가지 법칙 모두를 늘 연습하는 사람은 아직 만나보지 못했다. 지속적으로 운이 좋은 사람은 대부분의 시간에 이 법칙들을 연습하며, 규칙을 어길 때도 그리 심각한 수준으로 벗어나지 않는다. 이와는 대조적으로 불운한 사람들은 법칙 중 몇 가지만 가끔 연습하고, 또 오랫동안 규칙을 어기는 경향이 있다.

만약 당신이 행운을 원한다면 열세 가지 법칙 모두에 능숙해지는 것을 목표로 삼아라. 이 법칙들을 항상 명심하고 가끔 제대로 실천하지 못하더라도, 그런 자신을 포기하지 말자.

세계의 모든 주요 종교들은 몇 세기 전 우리가 삶을 마냥 일직선으로만은 살 수 없다는 걸 깨달았다. 기독교, 유대교, 이슬람교, 힌두교까지 모두 개인이 지키고자 노력하는 일종의 행동강령을 지니고 있다. 그것들을 모두 관통하는 개념은 나머지 요소들과 달리 어떤 면에서는 꽤 유사하다. 그들이 동의하는 한 가지는 바로 다음과 같다. 완벽한 삶은 거의 불가능하며, 오직 성인만이 그런 삶을 영위할 수 있다는 것이다. 아무리 엄격한 이슬람 종파에서도 인간은 때때로 어긋날 수밖에 없음을 인정한다. 종교 지도

자들은, 최후의 심판이 이뤄지는 날 완벽하지 않은 우리를 누구도 미워하지 않으리라고 장담한다. 이 말은 곧 우리가 얼마나 노력하느냐가 중요하다는 뜻이다.

이는 행운을 찾는 사람을 위한 말이기도 하다. 열세 가지 법칙을 완벽하게 익힐 가능성은 희박하다. 하지만 그 법칙들에 어느 정도라도 능숙해진다면 그로 인한 결과에 놀랄지도 모른다.

보통 운을 바꿀 때 누군가의 삶에서 급격한 변화가 필요한 건 아니다. 때로는 전에 무시했던 낱개의 기술만 적용해야 할 경우도 있다.

예를 들어 세 번째 법칙, '영리하게 위험을 감수하라'와 관련된 일화를 보자. 뉴욕에서 일하던 제임스 설리번은 이 법칙에 내재한 흥미로운 가능성을 보증해주는 사람이다. 그가 은퇴를 앞두고 있을 때였다. 그는 나중에 돌이켜봤을 때도 절대 만족스러운 설명이 불가능한 어떤 이유로, 어느 날 문득 자신이 지금까지 위험을 충분히 감수하며 살지 않았다고 생각했다. 그는 제2차 세계대전에서 전투 보병으로 복무했지만 그 뒤 삶은 따분했고 특별히 운이 좋지도 않았다. 그가 손에 쥐었던 가장 많은 액수의 돈은 고작 시에서 발행한 수표에 적힌 금액, 누적된 밀린 급여 800달러에 불과했다.

그러던 5월의 어느 날 돌연 그는 경마라는 도박을 해보기로 했다. 그는 아내와 함께 쇼핑을 하러 외출했었다. 그가 떠올린 생각에 아내도 전적으로 찬성했다. 그들은 뉴욕의 한 장외 경마 도박 회사 사무실을 찾았다. 그런 사무실에는 처음 가본 터라 직원이 부부에게 절차를 설명해줘야 했다. 용커즈 경마 트랙에서 열린 4개의 하니스 경주(1인승 2륜 마차를 끄는 경마의 일종-옮긴이)에서 우승자를 뽑는, 거의 승산이 희박한 베팅이 있었다. 최소 베팅 금액은 3달러였다. 세 번째 법칙에서 배웠듯 위험을 감수할 금액이 그렇게 사소한 수준이라면 위험을 감수하는 편이 낫다.

설리번은 무작위로 숫자를 써서 당첨 말을 뽑았다. 그가 사용한 번호는 군에서 사용한 일련번호의 마지막 네 자리, 5683이었다. 그가 나중에 해당 경마 도박 회사에서 진행한 기자 회견에서 설명했듯 이 시스템은 그에게 딱 들어맞았다. 그는 말에 관해 아는 바가 전혀 없었다. 사실 그는 한평생 경마장에 가본 적도 없었다.

그는 12만 8,488달러를 땄다. 운이 좋다고? 당연하다. 하지만 그런 행운을 즐기기 전에 그는 위험을 감수해야만 했다.

두 번째 법칙인 빠른 흐름을 잡아내라는 말 역시 이런 종류의 빠르고 놀라운 결과를 내놓을 수 있다. 만약 당신이 몸을 사리고 있다가 갑자기 빠른 흐름 속에 자신을 밀어 넣는다면, 우연성을 띤 사건들 때문에 당황하게 될지도 모른다.

아니면 열두 번째 법칙인 '이것저것 시도하라'에 내재한 가능성을 떠올려보자. 지금껏 당신은 행운을 불러오기 위해 어느 한 가지 활동이나 제한된 몇 가지 활동에만 의존해왔을 것이다. 만약 그랬던 당신이 일과 유희에 관한 관심을 2배로 늘린다면 무슨 일이 일어날지 누가 알겠는가?

운을 향상시키는 좋은 방법 중 하나는 삶에 관한 접근에서 가장 현저히 부족한 법칙이 무엇인지 자신에게 물어보는 것이다. 만약 스스로 다른 사람보다 운이 덜 좋다고 생각한다면(아마도 그것이 이 책을 읽고 있는 이유일 것이다), 당신의 삶을 분석하는 데 시간을 할애해야 한다. 당신은 무엇을 하지 못했거나, 제대로 하지 못했는가?

대부분 사람이 몇몇 두드러진 결점을 발견할 것이다. 심지어 일반적으로 운이 좋다고 생각하는 사람들조차 예외가 아니다. 운에 관해 우리가 안고 있는 주요 문제점이 무엇인지 자신에게 물어보자.

지그재그 길을 택하지 않으려는 마음에 행운의 기회를 그냥 지나친 적이 있는가? 운을 어떻게 선택해야 하는지 몰라서 정체된 모험에 빠져본 적은 없는가? 잠재적인 운명의 짝이 수평선 너머로 사라지게 내버려 둔 적은 없는가?

법칙을 나열한 목록을 쭉 훑으며 당신이 가장 주의를 기울여 공부해야 할 몇 가지를 찾아내자. 그리고 거기에 집중하자.

다가오는 해에 당신이 자신에게 처방할 수 있는 좋은 활동(유용할 뿐 아니라 즐거운 활동)은 이 책에서 다룬 열세 가지 법칙을 염두에 두고 세계의 위대한 소설과 희곡들을 읽는 것이다. 불운한 결과가 드러난 이야기에 각별히 주목하자. 그 이야기에 어떤 법칙을 활용했다면 행운의 결과를 낼 수 있었을까?

이는 고등학교나 대학교 영문학 수업에서 배운 적 없는 활동이다. 앞에서 언급했듯이, 학교 수업 시간에는 '비극적 결함'을 찾았다. 하지만 학교에서 배운 것과 다르게 비극은 불운과 아무런 관련이 없다. 이제 당신이 좋아하는 이야기들을 다시 살피고 새로운 방식으로 바라볼 기회가 찾아왔다. 좋든 나쁘든 운이 작용한 대목이나 구절을 찾아보자. 많은 등장인물이 비극적 결함을 가지고 있지만, 어느 교수가 말했던 것처럼 우리가 알던 것과 같은 결점이 아니라는 걸 알 수 있다. 등장인물을 파멸에 이르게 한 건 열세 가지 법칙 중 하나 또는 두 가지 법칙을 적용하다가 지속적으로 실패함으로써 야기되는 불운이다.

예를 들어 영국 작가 찰스 디킨스의 《돔비와 아들》이 그렇다. 이 작품은 침울한 톤을 띠지만 지나치게 감상적인 면은 피했다. 디킨스에게는 이례적인 일이기도 하다. 이 작품은 아마 지금까지 쓰인 페미니스트 소설 중 최고일 것이다.

내용을 요약하자면, 여섯 번째 법칙과 열세 번째 법칙을 적용하지 못한 돔비라는 남자가 지그재그 길을 따라가지 못하고 운명의 짝을 멀어지게 한 이야기다. 돔비는 적당히 번창하는 수입 관련 사업을 하고 있으며, 아들이 회사 경영진에 합류할 날을 꿈꾸고 있었다. 하지만 아들이 병에 걸려 죽자 돔비는 망연자실한다. 그는 다정하고 탄탄한 능력을 갖춘 딸 플로런스가 아들을 대신할 수 있다는 사실을 끝내 깨닫지 못한다.

돔비는 자신의 불운을 더 나쁜 운으로 변하게 했다. 아들의 불운과 마주한 그는 애초 계획을 접고 새 기회를 노려 정신을 똑바로 차리고 지그재그로 문제 상황을 빠져나갈 수 있었다. 하지만 그러는 대신 회사를 아들에게 물려주려 했던 죽은 계획에 시선을 고정했다. 회사는 차츰 도외시됐다. 돔비의 모든 문제를 해결할 수 있었던, 진실한 운명의 짝 플로런스에게는 문제 해결을 시도할 기회조차 주지 않았다.

운의 작용에 관한 훌륭한 설명이 있는 또 다른 웅장한 이야기는 미국의 소설가 존 필립스 마퀀드가 쓴《귀환 불능 지점》이다. 이 이야기는 특히 네 번째 법칙 '운의 흐름을 잘라내라'를 다룬다.

소설의 주인공은 은행 임원이라는 사다리를 타고 힘겹게 올라가는 젊은 청년 찰스 그레이다. 대부분의 이야기에서 그레이는 아버지 존에 관한 기억을 떠올리는데, 그런 존의 비극적인 결점은 네 번째 법칙을 적용할 능력이 없거나 아니면 적용할 의사가 없다는 점이었다. 1920년대 중반, 능력 없는 몽상가였던 존은 약간의 유산을 상속받았고 급등하는 주식시장에 35만 달러를 투자했다. 아들이 그에게 운의 질주가 끝나기 전 최소한 수익금의 일부를 현금화하라고 권유했지만 존은 계속 미뤘다. 1929년 가을, 마침내 계속되던 운의 질주가 끝나고 존은 순식간에 파산했다. 그는 스스로 목숨을 끊었다.

이 비극적인 사건을 떠올리며 찰스는 운에 관한 많은 것, 특히 운이 정점에 달하기 전에 질주를 포기해야 하는 어려움에 관해 생각한다. 그는 인생에서 가장 가치 있는 규칙이 '멈춰야 할 때를 아는 것'이라고 결론 내린다.

열세 가지 법칙 중 소설, 특히 비극적인 작품에서 가장 두드러지는 건 다섯 번째 법칙이다. 기억하다시피, 운을 선택하는 법칙이다. 불운 가득한 모험이 우리를 함정에 빠뜨리기 전에 그로부터 벗어나는 것이다. 수천 편의 연극, 소설, 영화, TV 드라마가 이 법칙을 적용하지 못하는 등장인물을 중심으로 만들어졌다. 이 실패의 결과는 평생 불운에 갇힐 수 있다는 것이다. 한편 이 우울한 결과는 극적으로 반전될 가능성도 크다. 바로 이것이 많은 작가와 극작가가 운의 선택을 소재로 삼는 이유다.

앞에서 안나 카레니나라는 인물을 언급한 적이 있다. 그녀는 브론스키 백작과의 오랜 만남 초기에 이미 그와 끝까지 잘될 가능성이 없다는 걸 알았지만, 그동안의 관계에 투자한 것을 포기하려 하지 않았다. 그래서 결국 달려오는 기차에 몸을 던져 탈출해야 했다. 《보바리 부인》의 여주인공 엠마도 안나 카레니나와 유사하게 힘든 상황에 처했고, 결국 그녀 역시 비슷한 탈출구를 찾아야 했다. 처음 시들기 시작할 때 쉽게 포기할 수 있었을 연애 관계에 갇힌 한 남성의 이야기는 프랑스 소설가 마르셀 프루스트의 《잃어버린 시간을 찾아서A la recherche du temps perdu》에 실린 '스완 네 집 쪽으로'를 읽으면 알 수 있다.

또 불운을 쉽게 버릴 수 없는 상황이 가득한 소설도 있다. 《바람과 함께 사라지다》가 대표적이다. 주인공 스칼렛 오하라는 처음 불운이 나타난 바로 그때, 상황에서 벗어남으로써 모든 문제점을 피할 수 있었을지 모른다. 그녀는 가족 농장을 저렴한 가격에 팔고 손실을 감당한 뒤 그 돈을 가지고 더 나은 행운을 찾아 떠날 수 있었다. 물론 말처럼 쉽지 않은 일이긴 하지만. 이는 종종 다섯 번째 법칙이 안고 있는 딜레마이기도 하다.

이런 이야기들을 읽는 것은 행운을 찾고 있는 사람에게 도움이 된다. 자신에게 "이 상황에서 나라면 과연 어떻게 불운을 피했을까?" 하고 물을 수 있기 때문이다. 만약 내가 스칼렛의 모험이 시작됐을 때 타라에 있었고 그녀가 나에게 조언을 구했다면, 나는 "빨리 팔아버려"라고 말했을 것이다. 그러나 다른 사람들은 스칼렛이 타라에 물질적·정서적으로 너무나 많은 투자를 했고, 알 수 없는 미래 때문에 포기하게 할 수 없다고 생각할지도 모르겠다. 이 사례는 운에 관한 일부 결정이 다른 것들보다 더 쉽게 내려진다는 점을 보여준다. 허구의 이야기 속에서 그 상황에 관한 자신의 반응을 시험함으로써, 비슷한 딜레마를 다루게 될지 모르는 현실 속 미래의 시간을 준비할 수 있다.

마지막으로, 소설은 우리가 아무것도 할 수 없는 종류의 운에 관해 생각해볼 수 있게 도와준다. 열세 가지 법칙을 아무리 열심히 연습해도 암에 걸리거나 강도가 쏜 총에 맞거나 핵폭탄을 맞는다면 처참한 꼴을 면할 수 없다.

반면 어떤 법칙도 연습하지 않고 대체로 운 없는 삶을 살아왔대도, 생각지 못한 벼락같은 행운을 마주할 수도 있다. 바로 테네시 스프링 힐에 살던 사람들처럼 말이다. 1985년 미국의 자동차 제조 업체 GM이 스프링 힐에 대규모 자동차 공장을 짓겠다고 갑작스레 발표했을 때, 그곳에 살던 사람들은 평소처럼 일상을 보내고 있었다. 그러다가 소식을 듣고는 깜짝 놀랐고 곧 자신들이 노다지나 다름없는 집을 가지고 있다는 걸 깨달았다. 몇 주 사이에 일부 주택과 토지의 시장 가치가 3배로 치솟았다.

멋지지 않은가?

그렇다면 이렇게 멋진 행운을 위해 우리가 할 수 있는 일이 무엇일까? 아무것도 없다.

우리가 초대하든 말든 상관없이 운은 발생한다. 행운과 불운은 우리 삶에 언제든 스며들어 오며, 그 때문에 어떤 사람은 행복하고 어떤 사람은 슬퍼하며 어떤 사람은 죽는다. 소설 속 세계에서는 돔비의 아들처럼 병에 걸려 죽거나, 반대로 특별한 노력 없이 엄청난 행운을 만나는 인물도 있다. 비평가들은 이런 행운과 불운의 사건이 저자의 게으름에서 비롯된다고 불평하곤 한다. 등장인물들의 좋은 운명과 나쁜 운명이라는 개념을 생각할 때, 그들의 의도적 행동에서 비롯되는 정교한 줄거리를 구성하는 것보다 운으로 몰고 가는 편이 더 쉬운 건 사실이다. 하지만 운의 결과라고 해서 모든 것이 비현실적인 건 아니다. 돔비의 아들이 아무 이유 없이 죽어가고 있다는 걸 읽을 때 도저히 안 믿어지던가? 전혀 그렇지 않았을 것이다. 그것이 바로 현실의 모습이다.

이 책을 읽기 전 당신의 삶은 의심할 여지 없이 운에 영향을 받았고, 그 운은 당신이 무엇을 읽고 무엇을 생각하든 계속해서 당신을 밀어붙였을 것이다. 하지만 이제 당신은 열세 가지 법칙을 마음껏 쓸 수 있다. 이제부터 당신과 운의 관계는 달라질 것이다.

지금껏 살펴봤듯 보장된 것은 없다. 당신이 할 일은 열세 가지 법칙을 열심히 연습하는 것뿐이다.

행운을 빈다!

운의 시그널

초판 1쇄 발행 2022년 4월 18일

지은이 막스 귄터
옮긴이 양소하

펴낸이 민혜영
펴낸곳 (주)카시오페아
주소 서울시 마포구 월드컵로14길 56, 2층
전화 02-303-5580 | **팩스** 02-2179-8768
홈페이지 www.cassiopeiabook.com | **전자우편** editor@cassiopeiabook.com
출판등록 2012년 12월 27일 제2014-000277호
책임편집 이수민 | **외주디자인** studio forb
편집 최유진, 이수민, 진다영, 공하연 | **디자인** 이성희, 최예슬
마케팅 허경아, 홍수연, 이서우, 변승주

ISBN 979-11-6827-031-2 03190

- 잘못된 책은 구입하신 곳에서 바꿔드립니다.
- 책값은 뒤표지에 있습니다.